O QUE PODEMOS APRENDER COM OS GANSOS

EDIÇÃO DEFINITIVA

O QUE PODEMOS APRENDER COM OS GANSOS

ALEXANDRE RANGEL

7ª impressão

editora
Original

© Alexandre Rangel

Direção editorial
Marcelo Duarte
Patth Pachas
Tatiana Fulas

Gerente editorial
Vanessa Sayuri Sawada

Assistentes editoriais
Henrique Torres
Laís Cerullo
Samantha Culceag

Projeto gráfico e capa
Daniel Argento

Diagramação
Elis Nunes

Revisão
Telma Baeza Gonçalves Dias
Ana Maria Barbosa

Impressão
Loyola

CIP – BRASIL. CATALOGAÇÃO NA FONTE
SINDICATO NACIONAL DOS EDITORES DE LIVROS, RJ

Rangel, Alexandre
O que podemos aprender com os gansos – Edição definitiva/
Alexandre Rangel. – 1.ed. – São Paulo: Original, 2013. 336 pp.

ISBN: 978-85-62900-14-3

1. Administração de empresas. 2. Negócios. I. Título.

12-9080	CDD: 658.4
	CDU: 005.366

2023
Todos os direitos reservados à Panda Books.
Um selo da Editora Original Ltda.
Rua Henrique Schaumann, 286, cj. 41
05413-010 – São Paulo – SP
Tel./Fax: (11) 3088-8444
edoriginal@pandabooks.com.br
www.pandabooks.com.br
Visite nosso Facebook, Instagram e Twitter.

Nenhuma parte desta publicação poderá ser reproduzida por qualquer meio ou forma sem a prévia autorização da Editora Original Ltda. A violação dos direitos autorais é crime estabelecido na Lei nº 9.610/98 e punido pelo artigo 184 do Código Penal.

FSC
www.fsc.org
MISTO
Papel produzido a partir de fontes responsáveis
FSC° C008008

*Aos meus irmãos
Eline, Fred, Ricardo e Gustavo.*

Sumário

Apresentação 17

O que podemos aprender com os gansos selvagens 19
O importante é começar 21
O poder das palavras 22
Não estrague o seu dia com coisas tão pequenas 23
Cuidado para não abortar grandes ideias 24
Mudar hábitos exige sacrifícios 25
Não limite o crescimento de seus funcionários 27
O exemplo vem de cima 28
Não jogue a culpa nos outros 29
Aproveite ao máximo o potencial dos funcionários 30
Encare o problema de forma otimista 32
Aja com sabedoria, e não apenas por compaixão 33
Cuidado com a forma de falar a verdade 34
O dinheiro é a mais pobre das ambições 35
Ressalte os aspectos positivos das pessoas 36
O que faz um funcionário mentir 37
Se tiver de decidir, decida logo e evite sofrimento 38
Pessoas inertes 39
O momento certo 40
Reaja diante das atitudes negativas 41
Construa pontes, e não barreiras 42
Nunca tome decisões precipitadas 44
Evite palavras ásperas 46
Não dê ouvidos aos pessimistas 48

Fale, mas fale com conteúdo 49
Você é quem constrói sua empresa 50
Se quiser que as coisas funcionem, acompanhe tudo de perto 51
Recompense os comportamentos corretos 53
Tente entender o que o outro está dizendo 55
A glória e a derrota são passageiras 56
Para quem você trabalha? 57
Se não estiver feliz no trabalho, parta para outro 58
Não tenha medo de arriscar 59
Para qualquer problema, há sempre uma saída 60
A integração dos setores fortalece a empresa 61
Para consertar o mundo, conserte primeiro o homem 62
Valorize as coisas simples 64
Antes de criticar, verifique seus próprios defeitos e limitações 65
Quem cria o ambiente de trabalho é você 67
Torne-se maior no trabalho 69
A melhor forma de ensinar é dar o exemplo 70
Você vale pelo que é, e não pelo que tem 71
Novos desafios renovam nosso ânimo 72
Só assuma novas responsabilidades se estiver preparado 73
Procure sempre se renovar profissionalmente 74
Não se pode agradar a todos 75
A família em primeiro lugar 77
Como evitar fofocas e intrigas no trabalho 79
Antes de reclamar, certifique-se de que não é você quem causa o problema .. 80
Não se deixe incomodar pelo mau humor dos outros 81
Busque o equilíbrio na vida 82
Não se baseie apenas em sua experiência passada 84
Resolva os problemas de vez 86

O melhor momento para ser feliz 87

Quando desejar uma coisa, concentre-se apenas nela 88

Aceite o brilho dos outros 89

É com o exemplo que se promovem mudanças.. 90

Aceite ajuda, não se afogue nos problemas..91

Não deixe a empresa ao sabor da sorte 92

Estimule a troca de ideias entre funcionários 93

Pare de reclamar e valorize o que possui 94

Aprenda a ouvir o coração das pessoas..95

Tenha sempre uma atitude de vencedor 96

Sinta orgulho de seu trabalho 97

As pessoas têm valores diferentes dos seus 98

A inveja só traz infelicidade 100

Coisas que roubam nossa energia 101

Dê chance para os funcionários se desenvolverem 103

Sua paz interior depende exclusivamente de você 105

Construa um ambiente harmonioso com tolerância e perdão 106

Ajude os outros a vencer... 108

Eleve o pensamento 109

Uma forma de pensar diferente 110

Aldeões chineses 111

Como um programa de Qualidade Total
    muda o comportamento das pessoas 112

As soluções para os problemas estão ao nosso alcance 113

Sorte: O encontro da competência com a oportunidade 114

Quanto vale o conhecimento? E a compreensão?...115

Aceite os defeitos dos outros e os outros aceitarão os seus 116

Não se deixe levar pela arrogância 118

A catástrofe às vezes está apenas na sua cabeça 120

Excesso de ajuda prejudica 122

Conheça melhor seus funcionários 123

Nomes diferentes para jovens condenados 124

Aproveite o lado bom das pessoas 125

Usando a cooperação e a criatividade de uma equipe 126

A importância de metas claras 127

Não deixe que fatores externos atrapalhem o seu ideal 128

Coisas que "sempre foram feitas assim" 129

Não gerencie impondo ameaças e provocando medo 130

Deixe a empresa mais leve 131

Trate o outro como gostaria de ser tratado 132

Às vezes é preciso medidas mais drásticas 133

Informe-se mais e evite conclusões precipitadas 134

Você é quem tem a capacidade de mudar 136

Nosso rosto reflete nossas intenções 137

Descubra a verdadeira natureza das pessoas 138

Se cada um fizer a sua parte, os problemas se resolverão mais depressa 139

O pessimista sempre traz com ele a infelicidade 140

As três maiores interrogações da vida 142

Às vezes as empresas tomam medidas impensadas para reduzir custos 143

Sobre a inveja e a traição 144

Dê sentido ao trabalho das pessoas 145

Use com inteligência o pouco conhecimento que tem 146

Se quiser mudar seu setor, sua empresa, seu mundo,
  comece mudando seu pensamento 148

Inventar é uma coisa, realizar é outra 149

Quando a responsabilidade é dividida, ninguém responde por nada 150

Sem iniciativa os problemas não se resolvem 151

Todo obstáculo contém uma oportunidade 152

Não transfira problemas para os outros 153

Para realizar mudanças é preciso acreditar e agir 154

Não desista diante das dificuldades 155

Às vezes precisamos de um empurrãozinho 156

Proíba a proibição 157

Encontre algo para elogiar 158

Não é preciso usar a força para liderar 159

Evite conclusões precipitadas 160

Trabalhar em equipe é respeitar diferenças 162

A qualidade das pequenas tarefas leva à Qualidade Total 164

Não se apoie no passado 167

Use o ambiente a seu favor 169

As coisas não acontecem conforme esperamos 170

Confie 171

As pessoas são boas e honestas 172

Negociação: O caso dos 35 camelos 174

Vender exige técnica e imaginação 176

Fixe a atenção nas coisas boas 178

Cuidado com o mais e o menos 179

O papel do consultor 180

Para que comparar? 181

Aprenda a dizer "não" 183

Segure seus ímpetos 184

Siga em frente! Deixe que as coisas se acomodem 185

Você vê o que você reflete 186

O trabalho em equipe renova as energias 187

As razões do trabalho 188

Transforme em força a sua fraqueza 189

Você nunca deve desistir de suas ideias 191

A honestidade é um valor muito pessoal 193
O turbante e a vaidade do rei 195
Cuidado com o leão surdo 196
Torne o ambiente mais leve e menos carregado de mágoas 197
Não se esqueça do principal 198
Desenvolva relações mais sólidas e mais confiantes 199
Apague da memória os pequenos desentendimentos 200
Abra os olhos para a verdade 201
O problema de um é problema de todos 202
A decisão está em suas mãos 203
O que você prefere: Cantar ou blasfemar? 204
Seja respeitado por ser diferente 205
Conheça a razão daquilo que faz 206
Sapos fervidos 207
Seja digno de confiança: Revele também os seus defeitos 208
Em algumas situações, é inteligente se passar por tolo 209
Arrisque uma resposta, mesmo que ela pareça óbvia 210
Expulse de sua vida o outro que o ensinaram a ser 212
Construa seus castelos 214
O verdadeiro significado da paz 215
O mal que desejamos aos outros 216
Encare o erro como uma experiência positiva 218
Dê oportunidades 219
Comprometa-se com aquilo que fala 220
Não multiplique os problemas 221
Não reclame, mude o caminho 222
Faça por merecer 223
O segredo da felicidade 225
Passe pelos obstáculos de maneira mais eficiente e suave 226

Quanto mais ideias você tiver para trabalhar, mais
  provavelmente chegará à melhor solução 227
Evite fazer observações negativas... 228
O bom consultor não é aquele que dá respostas
  certas, mas aquele que faz perguntas certas.. 229
Devemos ser pacientes com os mais novos...231
Não desperdice energias preciosas 232
Renove a cada dia suas relações pessoais 233
Veja além dos papéis que as pessoas representam... 234
Não transforme um pequeno problema em um desastre 235
Permita que seus funcionários usem a inteligência...................................... 236
O bom é inimigo do ótimo 237
As pessoas vivem melhor quando têm objetivos de vida claros 238
A rotina atrasa o seu desenvolvimento 239
A qualidade depende da participação de todos 241
Faça acontecer! 242
Tipos de chefes que estão por aí 243
O poder que ofusca..244
O que fazer para motivar pessoas 245
Se quiser que algo melhore, concentre o foco 246
Atenção aos pequenos detalhes 248
Fique aberto ao novo 249
Nunca despreze a experiência dos mais velhos 250
Aprenda a pensar e a agir por si mesmo..251
O equilíbrio entre o trabalho e o descanso 252
Comporte-se conforme o ambiente 253
Não imagine regras inexistentes 254
Aprenda a respeitar e a valorizar as diferenças 255
Construa o seu caminho sem se preocupar com o
  louvor ou o desprezo dos outros 256

Hábitos e costumes ultrapassados impedem a mudança 257
Verifique os processos de trabalho. Eles podem ser os culpados! 259
Seja determinado ao realizar as mudanças necessárias 261
O caminho que se deve seguir 262
Você é o comandante do barco? 263
A autoestima dos funcionários traz bons resultados às empresas 264
O que é qualidade? 265
Faça com que as coisas aconteçam! 267
Julgue apenas quando necessário 268
Nenhum jardim é perfeito 269
Faça a sua parte: Ensine 270
Mudança de comportamento exige paciência e determinação 271
Treinar e educar para a busca de soluções 273
Elimine a alienação, a frustração e o descontentamento 274
Respeito é bom e faz bem à autoestima de todos nós 275
Valorização das pessoas no ambiente de trabalho 276
Lições de vida 277
Trate as pessoas com respeito e dignidade 278
Aprenda a cultivar a sua criatividade 279
Pratique a administração participativa 280
Estabeleça metas para as pessoas 281
Livre-se do peso desnecessário 282
Elimine o desperdício 283
Corrida de bicicleta 284
O aprendizado é um processo lento e gradual 285
Experimente o novo 286
Encare as críticas como alimento para o seu crescimento 288
O camelo não suportou o peso da pena 289
Enxergue as mudanças e realize-as 290

O grau de dificuldade nos motiva a atingir o objetivo 291

Teoria da profecia autorrealizadora 292

Tenha melhores resultados com pessoas motivadas e felizes 293

Só peça desculpas quando estiver sendo sincero 294

Melhore a sua capacidade e não se preocupe com a dos outros 296

Delegue também o poder de escolha a seus subordinados 297

Tenha fé nas mudanças 298

Disponha de tempo para o planejamento 299

Mergulhe fundo 300

O sofrimento faz parte das conquistas 301

Veja com o olhar do outro 302

Flores ou um prato de arroz? 303

Descubra o que fez você escorregar 304

Faz parte da minha natureza 305

Se cada um fizer a sua parte… 306

Dê liberdade para criar e ousar 307

Aprendendo com os tombos da vida 308

Saiba lidar com os obstáculos 309

O valor da humildade 310

Coloque-se no lugar do outro 311

Saiba lidar com as adversidades 312

Peça uma folha em branco 313

Uma grande verdade 314

Qual é a parte mais importante do corpo humano? 315

Não se esqueça de ser feliz! 317

Os dois lobos 318

Esteja livre para estabelecer os limites de seus sonhos 319

Remédio para coice de burro 320

As consequências do mau tratamento 321

O verdadeiro tesouro 322
O tamanho da tolerância 323

Referências bibliográficas 325
Índice temático 331
O autor 335

Apresentação

Conta a história que um casal tomava café no dia de suas bodas de ouro. A mulher passou manteiga na casca do pão e a entregou ao marido, ficando com o miolo.

Ela pensou: "Sempre quis comer a melhor parte do pão, mas amo demais meu marido e, por cinquenta anos, sempre lhe dei o miolo. Mas hoje quis satisfazer meu desejo. Acho justo que eu coma o miolo pelo menos uma vez na vida".

Para sua imediata surpresa, o rosto do marido se abriu em um largo sorriso e ele lhe disse:

– Muito obrigado por este presente, meu amor. Durante cinquenta anos, sempre desejei comer a casca do pão, mas, como você sempre gostou tanto dela, jamais ousei lhe pedir!

Esta história, de autoria desconhecida, ilustra, para mim, o maior problema encontrado nas empresas: a falta de comunicação entre os setores. Problemas que poderiam ser resolvidos rapidamente muitas vezes se agravam, a ponto de causar rupturas nas relações pessoais. Quando o caldo entorna e se analisam as causas, o que se constata é a completa falta de comunicação com respeito às reais necessidades e expectativas a serem atendidas de ambas as partes.

Por isso, sempre digo que as três coisas mais importantes para melhorar a qualidade e a produtividade em uma empresa são: em primeiro lugar, a comunicação; em segundo lugar, a comunicação; e, em terceiro lugar, a comunicação.

A arte da comunicação está em fazer as pessoas compreenderem plenamente o significado das mensagens. Há anos trabalho como *coachig* auxiliando pessoas a compreenderem melhor a complexidade das relações no mundo moderno e a se tornarem bem-sucedidas naquilo que fazem.

O processo de *coaching* ajuda o indivíduo a mudar comportamentos que estejam impedindo seu progresso. Isto se dá, basicamente, por meio da reflexão. A utilização de parábolas, fábulas, lendas, histórias reais, curtas e interessantes, foi uma fórmula que adotei para ajudar as pessoas a refletirem sobre temas como motivação, trabalho em equipe, liderança, superação, mudanças, dentre tantos outros que estão presentes nas relações interpessoais. Uma história prende a atenção e sempre traz uma mensagem positiva para reflexão.

As fontes e as origens das histórias são as mais diversas, como contribuições recebidas dos ouvintes das rádios onde atuei e atuo como colaborador (atualmente na Rádio Bandeirantes AM 840 e FM 90,9, em São Paulo), pequenas adaptações de textos de livros, artigos em revistas, anotações em palestras, sites da internet etc. Procurei relacionar na bibliografia deste trabalho todas as obras que me serviram como fonte de leitura e inspiração durante todos esses anos.

Uma última consideração que gostaria de fazer é sobre a forma de explorar o significado das histórias no livro. São múltiplos os ensinamentos que podemos extrair de cada passagem. O leitor não deve considerar como única a perspectiva do ensinamento comentado. Com reflexão e criatividade, muitas outras lições poderão ser extraídas de um mesmo conto.

Bom proveito!

Alexandre Rangel

O QUE PODEMOS APRENDER COM OS GANSOS SELVAGENS

Podemos aprender muito com os gansos selvagens. Quando um ganso bate as asas, por exemplo, voando numa formação em V, cria um vácuo para a ave seguinte passar, e o bando inteiro tem um desempenho 71% melhor do que se voasse sozinho.

Sempre que um ganso sai da formação, sente de súbito a resistência do ar por tentar voar sozinho e, rapidamente, volta para a formação, aproveitando o vácuo da ave logo à frente.

Quando um ganso líder se cansa, ele passa para trás, e imediatamente outro assume o seu lugar, voando para a posição da ponta.

Na formação, os gansos que estão atrás grasnam para encorajar os da frente a aumentar a velocidade.

Se um deles adoece, dois gansos abandonam a formação e seguem o companheiro doente, para ajudá-lo e protegê-lo. Ficam com ele até que esteja apto a voar de novo ou venha a morrer. Só depois disso eles voltam ao procedimento normal com outra formação ou vão atrás de outro bando.

A lição dos gansos:

- Pessoas que compartilham uma direção comum e senso de comunidade podem atingir mais facilmente os objetivos.
- Para atingir nossos objetivos, é necessário estar junto daqueles que se dirigem para onde queremos ir, dando e aceitando ajuda.
- É preciso haver um revezamento na liderança e nas tarefas pesadas. As pessoas, assim como os gansos, dependem umas das outras.

- Precisamos assegurar que nosso grasnido seja encorajador para nossa equipe e que a ajude a melhorar seu desempenho.
- É preciso estar ao lado dos colegas também nos momentos difíceis.

O IMPORTANTE
É COMEÇAR

É curioso observar como a vida na empresa muda depois que ela passa a trabalhar sintonizada com os conceitos de qualidade, implantando uma gerência mais participativa, valorizando ideias e sugestões dos funcionários, definindo responsabilidades de forma mais clara para todos. Mas isso não acontece da noite para o dia. É preciso entender que, embora esse seja o caminho certo a ser trilhado, os resultados não são imediatos. O essencial é dar o primeiro passo e continuar promovendo a melhoria contínua.

Observe estas verdades: a mais longa caminhada só é possível passo a passo... O mais belo livro do mundo foi escrito letra por letra... Os milênios se sucedem segundo a segundo... As mais violentas cachoeiras se formam de pequenas fontes... Não fossem as gotas, não existiriam as chuvas... A mais bela construção não se teria efetuado não fosse o primeiro tijolo...

O processo de mudança não é fácil nem rápido, mas vale a pena tentar!

Vamos lá, não perca a oportunidade. Transforme gradualmente sua empresa, introduzindo pouco a pouco conceitos de qualidade.

O PODER
DAS PALAVRAS

No ambiente profissional, o bom humor incentiva o aumento da produtividade. Um sorriso nos lábios demonstra o modo de encarar a vida, facilita a comunicação e melhora as relações no trabalho e na vida social. Dá menos trabalho sorrir do que ficar de cara fechada, concorda? Não requer esforço nem prática. É um gesto simples e econômico. Assim, sorria, nem que seja por economia.

O humor, bom ou mau, contagia. Para ter ideia de como é contagioso, uma amiga conta que um casal de vizinhos dela está permanentemente de mau humor. Toda vez que ela encontra com eles no elevador, estão de cara amarrada, inclusive o cachorro! Ou seja, o mau humor contagia até o cachorro.

Há um ensinamento que diz:

Jogue uma pedra na água: ela some num instante, mas deixa dezenas de ondas girando em círculos, círculos e círculos.

Diga uma palavra ríspida: ela some num instante, mas deixa dezenas de ondas girando em círculos, círculos e círculos.

Diga uma palavra amável: ela some num instante, mas deixa dezenas de ondas girando em círculos, círculos e círculos.

Assim também é com o humor. Ele contagia e é fundamental para a melhoria da qualidade no ambiente de trabalho.

Não estrague o seu dia com coisas tão pequenas

É muito difícil lidar com pessoas que nunca estão de bem com a vida. Portanto, não deixe que coisas insignificantes lhe tirem o bom humor. Coisas pequenas, pelas quais não vale a pena se incomodar.

Outro dia, li que na região do Colorado, nos Estados Unidos, existem ruínas de uma árvore gigantesca. Os naturalistas afirmam que a imensa árvore permaneceu em pé durante quatrocentos anos. Ao longo da vida, foi atingida inúmeras vezes por raios e temporais, repetidamente. A árvore resistiu a todas as adversidades. Até que um dia um exército de insetos a atacou e a derrubou.

Um gigante da floresta que por séculos sobreviveu a raios e temporais acabou caindo diante de insetos tão pequenos que um homem pode esmagar entre os dedos. Que coisa! Resistir tanto a raios e trovoadas e acabar sendo derrotada por insetos minúsculos.

Tome muito cuidado com as coisas pequenas, pois elas podem acabar destruindo o seu dia e também o humor daqueles com os quais você convive, prejudicando muito a qualidade de vida no ambiente de trabalho.

Cuidado para não abortar grandes ideias

Em uma faculdade de medicina, certo professor propôs à classe a seguinte situação:

– Baseados nas circunstâncias que vou enumerar, que conselho vocês dariam a esta senhora, grávida do quinto filho? O marido sofre de sífilis, e ela, de tuberculose. Seu primeiro filho nasceu cego e o segundo morreu. O terceiro nasceu surdo. O quarto é tuberculoso e ela está pensando seriamente em abortar a quinta gravidez. Que caminho a aconselhariam tomar?

Com base nesses fatos, a maioria dos alunos concordou que o aborto seria a melhor saída para ela. O professor, então, disse aos alunos:

– Os que disseram sim à ideia do aborto, saibam que acabaram de matar o grande compositor Ludwig van Beethoven.

Na empresa, grandes projetos, excelentes ideias, às vezes são "abortados" assim que as pessoas envolvidas se veem diante de situações difíceis. Tudo, para ser bem-feito, leva tempo e exige perseverança, tenacidade e entusiasmo.

Mudar hábitos exige sacrifícios

Certa vez, um profeta e seu discípulo, em viagem, pediram pousada em uma das residências que encontraram ao longo do caminho.

Na hora do jantar, foi-lhes servido como alimentação apenas um copo de leite. Era a única coisa que o dono da casa tinha para oferecer, embora todos que ali moravam fossem pessoas saudáveis, tanto os pais como os filhos. A terra era boa, tinha bastante área para plantio, porém a família nada cultivava. Em toda a terra possuíam apenas uma vaca leiteira, de onde vinha o leite que sustentava toda a família.

Pela manhã, o profeta e o discípulo levantaram, agradeceram a hospedagem e continuaram viagem. Um pouco afastada da casa, viram que a vaca pastava à beira de um precipício.

O profeta, então, ordenou ao discípulo:

– Vá até lá e empurre a vaca para o penhasco.

O discípulo inicialmente relutou, mas, como era obediente a seu mestre, fez o que o profeta mandara e empurrou a vaca no precipício. A vaca morreu na queda e o discípulo ficou bastante consternado.

Alguns anos se passaram, e o profeta e o discípulo voltaram novamente àquela região, e mais uma vez pediram pousada na mesma casa. Observaram, imediatamente, que alguma coisa havia mudado naquela família. Já se viam plantações ao redor da casa, animais pastavam no terreno, todos se movimentavam e ocupavam-se com alguma tarefa.

Na hora do jantar, lhes foi servida uma comida excelente, preparada com os alimentos colhidos da própria terra, o que foi motivo de orgulho para todos.

Pela manhã, o profeta e o discípulo despediram-se da família e continuaram viagem.

O profeta disse então ao discípulo:

— Se não tivéssemos empurrado a vaca no precipício, essa família nunca poderia ter se desenvolvido, trabalhando e cultivando a terra que possui.

Essa parábola nos mostra que devemos expandir nossas habilidades para coisas novas. Só assim a empresa progredirá. Mas nos ensina, também, que mudar hábitos e comportamentos às vezes requer sacrifícios e rompimentos drásticos com os padrões de trabalho que adotamos.

Não limite o crescimento de seus funcionários

Um casal levou o filho de quatro anos ao médico porque o menino quase não falava, embora entendesse tudo o que diziam. Os pais pensavam que a criança tivesse algum problema.

Depois de uma série de testes e exames, o médico concluiu que o menino tinha uma inteligência acima da média. Durante os testes, ele observou que toda vez que fazia uma pergunta à criança, um dos pais imediatamente respondia por ela. O médico aconselhou os dois a não falarem com a criança, e nem por ela, durante algumas semanas. Quando retornaram ao médico, alguns dias depois, a criança já falava fluentemente.

Na empresa, o gerente "paizão" não deixa os funcionários se desenvolverem por meio de seus próprios erros e acertos. As pessoas aprendem mais praticando e errando do que seguindo as "decisões corretas" dos outros.

O EXEMPLO VEM DE CIMA

Conta uma história que três sapos estavam em uma lagoa quando ela começou a ferver. Um dos sapos resolveu sair da lagoa. Teoricamente, apenas dois sapos teriam morrido, mas não foi o que aconteceu. Os três morreram escaldados, pois o que resolveu sair apenas "resolveu" sair. Em vez de agir, permaneceu ali parado na lagoa.

Só tomar uma decisão não adianta. Toda resolução exige uma ação para se tornar efetiva.

O primeiro passo para iniciar um processo de mudança é o comprometimento do dirigente. É necessário que ele assuma a responsabilidade de mudar a empresa implantando uma nova filosofia de trabalho, demonstrando seu compromisso através de ações efetivas. Por isso ele precisa estar convicto e realmente preparado para enfrentar as resistências que ocorrerão durante o processo de mudança.

Para mudar é preciso mais do que resolver mudar; é preciso agir!

Não jogue a culpa nos outros

Uma empresa estava dando prejuízo e os funcionários sentiam-se extremamente desmotivados. Era preciso fazer algo para reverter o caos. Ninguém, porém, queria assumir nada. Pelo contrário, o pessoal apenas reclamava de que as coisas andavam ruins e que não havia perspectiva de progresso.

Um dia, quando os funcionários chegaram para trabalhar, encontraram na portaria um cartaz no qual estava escrito: "Faleceu ontem a pessoa que impedia o seu crescimento na empresa. Você está convidado para o velório na quadra de esportes". Todos ficaram curiosos para saber que pessoa andara impedindo o crescimento deles na empresa. E foram lá ver. Conforme os funcionários se aproximavam do caixão, a excitação aumentava:

– Quem será que andava atrapalhando o meu progresso? Ainda bem que esse infeliz morreu...

Um a um, agitados, os funcionários aproximavam-se do caixão, olhavam para dentro dele e engoliam em seco, caindo em seguida no mais absoluto silêncio, como se tivessem sido atingidos no fundo da alma. No visor do caixão havia sido colocado um espelho.

A mensagem atingiu a todos: só existe uma pessoa capaz de limitar seu crescimento e o da empresa: você mesmo.

APROVEITE AO MÁXIMO O POTENCIAL DOS FUNCIONÁRIOS

Na Índia, um carregador de água levava dois potes grandes pendurados em cada ponta de uma vara, a qual ele carregava nos ombros.

Um dos potes tinha uma rachadura, enquanto o outro era perfeito e sempre chegava cheio de água ao fim da longa jornada entre o poço e a casa do chefe do carregador. O pote rachado chegava apenas pela metade. Assim foi por dois anos, diariamente, o carregador entregando um pote e meio de água na casa de seu chefe.

Claro, o pote perfeito estava orgulhoso de suas realizações. Porém, o pote rachado estava envergonhado de sua imperfeição e sentindo-se miserável por ser capaz de realizar apenas metade do que lhe era designado fazer.

Após perceber que, por dois anos, nada mais fora que uma falha amarga, o pote falou para o homem, um dia, à beira do poço:

– Estou envergonhado, quero pedir-lhe desculpas.

– Por quê? – perguntou o homem. – Do que você está envergonhado?

– Nesses dois anos, só fui capaz de entregar metade da minha carga, porque essa minha rachadura faz com que boa parte da água vaze pelo caminho da casa de seu senhor. Por causa do meu defeito, mesmo tendo todo esse trabalho, você não ganha o salário completo pelos seus esforços – disse o pote.

O homem ficou triste pela situação do velho pote e, com compaixão, falou:

– Quando retomarmos o percurso para a casa do meu senhor, quero que você repare nas flores ao longo do caminho.

De fato, à medida que subiam a montanha, o velho pote rachado notou flores selvagens na beira da estrada, e isso lhe deu um grande ânimo.

No fim do percurso, porém, o pote ainda se sentia mal por ter vazado, e de novo se desculpou com o homem por sua falha.

O homem disse ao pote:

– Você notou como havia flores no seu lado do caminho? Notou que, dia a dia, enquanto voltávamos do poço, era você quem as regava? Por dois anos pude colher essas flores para ornamentar a mesa do meu senhor. Se você não fosse do jeito que é, ele não poderia ter tanta beleza para dar graça a sua casa.

Essa história nos mostra que cada um de nós tem seus próprios e únicos defeitos. Se os reconhecermos, podemos usá-los a nosso favor. Procure aproveitar todo o potencial de seus funcionários... Até mesmo daqueles que pareçam mais limitados.

Encare o problema de forma otimista

Uma empresa desenvolveu um projeto de exportação de sapatos para a Índia. Enviou dois de seus vendedores a pontos diferentes daquele país, para que levantassem o potencial do mercado. O primeiro vendedor enviou o seguinte fax para a diretoria da empresa: "Senhores, cancelem o projeto de exportação de sapatos para a Índia. Aqui ninguém usa sapatos".

Sem ter conhecimento desse fax, o segundo vendedor enviou o seu: "Senhores, tripliquem o projeto de exportação de sapatos para a Índia. Aqui ninguém usa sapatos ainda".

Veja que interessante: a mesma situação foi interpretada como um tremendo obstáculo por um dos vendedores e como uma fantástica oportunidade pelo outro. Isso mostra como tudo na vida pode ser visto com enfoques e maneiras diferentes. Ao analisar um problema na empresa, procure observá-lo de todos os ângulos possíveis. Assim você vai deixar de ver problemas e enxergar oportunidades.

Aja com sabedoria, e não apenas por compaixão

Certa vez um camponês encontrou uma cobra morrendo em seu sítio. Vendo o sofrimento dela, encheu-se de compaixão. Apanhou a cobra e a levou para casa. Deu leite morno a ela, envolveu-a em um cobertor macio e, com carinho, colocou-a a seu lado na cama quando foi dormir. Pela manhã, o camponês estava morto.

Por que ele foi morto? Porque só agiu movido pela compaixão, e não também pela sabedoria. Se você pegar uma cobra, ela o picará. Quando encontrar um meio de salvar a cobra sem segurá-la, você terá conseguido equilibrar sabedoria e compaixão, e ambos ficarão felizes.

Sabedoria e compaixão devem andar juntas. Ter uma sem a outra é como andar com um pé só. Você pode conseguir pular algumas vezes, mas acabará caindo. Se equilibrar as duas, você andará muito bem, vagarosa e elegantemente, passo a passo.

Quantas vezes, por só sentirmos compaixão pelas pessoas, deixamos que a qualidade delas caia, condescendemos com seus erros, toleramos a incompetência... No fim, tudo se vira contra você mesmo e contra a empresa. Como diretor ou gerente, guie-se pela sabedoria, e não apenas pela compaixão.

Cuidado com a forma de falar a verdade

Um rei sonhou que havia perdido todos os dentes. Logo que despertou, mandou chamar um adivinho para interpretar o sonho.

– Que desgraça, senhor! – exclamou o adivinho. – Cada dente caído representa a perda de um parente de Vossa Majestade.

Enfurecido, o rei chamou os guardas e ordenou que aplicassem cem chicotadas no homem. Mandou depois que trouxessem outro adivinho à sua presença e contou-lhe o sonho. O novo adivinho disse ao rei:

– Grande felicidade vos está reservada, Alteza. O sonho significa que havereis de sobreviver a todos os vossos parentes.

Imediatamente, a fisionomia do rei se iluminou num sorriso, e ele mandou dar cem moedas de ouro ao adivinho. Quando o homem saiu do palácio, um dos cortesãos lhe disse, admirado:

– Não é possível! A interpretação que você fez foi a mesma feita pelo seu colega. Não entendo por que ao primeiro ele pagou com cem chicotadas, e a você, com cem moedas de ouro.

– Lembre-se, meu amigo – disse o adivinho –, tudo depende da maneira de dizer...

Que a verdade deve ser dita em qualquer situação, não resta dúvida. Mas a forma como ela é comunicada é que tem provocado, em alguns casos, grandes problemas, seja na empresa, seja na nossa vida particular.

O DINHEIRO É A MAIS POBRE DAS AMBIÇÕES

Um casal estava perdido numa praia. Há dias sem se alimentar, quase morrendo de fome, avistaram uma velha garrafa semienterrada na areia. Curioso, o homem a desenterrou, limpou-a e a destampou. De imediato, os dois viram surgir um gênio, que, como recompensa pela libertação, se dispôs a satisfazer três desejos do casal. O homem, faminto, não pensou duas vezes. Pediu um prato de salsichas, no que foi logo atendido. A mulher ficou possessa:

– Como você desperdiça um desejo com salsichas, quando poderíamos ter pedido um saco de ouro e comer o que quiséssemos para o resto da vida?

E tanto falou que o pobre homem desejou que as salsichas se pregassem no rosto dela, no que foi logo atendido. Não demorou, o terceiro desejo foi usado para desprender as salsichas da face dela. O gênio, gargalhando, desapareceu para sempre. E ali ficou o casal, com fome e sem esperança.

Não há nada de errado em ser ambicioso na vida, muito menos em ter "grandes" ambições. Só tenha em mente que a mais pobre das ambições é querer ganhar muito dinheiro, porque dinheiro, por si só, não é um objetivo. O dinheiro é apenas um meio para alcançar uma verdadeira ambição.

Ressalte os aspectos positivos das pessoas

Contam que numa carpintaria houve certa vez uma estranha reunião. Foi uma reunião entre ferramentas, para acertar suas diferenças. O martelo exerceu a presidência, mas os participantes lhe notificaram que teria de renunciar. A causa? Fazia barulho demais e, além disso, passava o tempo todo dando golpes.

O martelo assumiu sua culpa, porém pediu que também fosse expulso o parafuso, alegando que ele dava muitas voltas para conseguir qualquer coisa. O parafuso concordou, mas, por sua vez, pediu a expulsão da lixa. Disse que ela era muito áspera ao tratar dos demais atritos. A lixa acatou a decisão, porém com a condição de que se expulsasse o metro, que sempre media os outros segundo sua medida, como se fosse ele o único perfeito.

Nesse momento o carpinteiro entrou, juntou o material e começou a trabalhar. Utilizou o martelo, a lixa, o metro e o parafuso. Por fim, uma rústica madeira converteu-se num fino móvel. Quando as ferramentas ficaram novamente a sós, a assembleia retomou a discussão. Foi então que o serrote pediu a palavra e disse:

– Senhores, ficou demonstrado que temos defeitos, mas o carpinteiro trabalha com nossas qualidades, com nossos pontos fortes. Assim, proponho um trato: não vamos mais ressaltar nossos pontos fracos e vamos passar a valorizar nossos pontos fortes.

Quando uma pessoa busca defeitos na outra, sempre acaba encontrando algo para criticar, e dessa forma o clima tende a tornar-se tenso e negativo. Porém, quando se buscam com sinceridade os pontos fortes uns dos outros, as melhores qualidades aparecem.

O QUE FAZ UM FUNCIONÁRIO MENTIR

Esta é a história de um funcionário que teve a prestação de contas rejeitada pelo chefe.

Ao retornar de viagem, o funcionário fez sua prestação de contas e nela incluiu o valor de oito reais, referente a um guarda-chuva que havia perdido durante a viagem. Ele achou justo ser reembolsado, já que o havia perdido quando estava a serviço da empresa.

O gerente, ao revisar a prestação de contas, resolveu não aprovar o valor de oito reais, pois nas normas da empresa não estava previsto aquele tipo de reembolso. Mandou o funcionário refazer a prestação de contas e tratar de achar seu guarda-chuva. O funcionário corrigiu a prestação de contas e a reapresentou para aprovação. O gerente, diante da nova prestação de contas sem os oito reais, olhou para o funcionário e disse:

– Quer dizer então que o senhor achou seu guarda-chuva?

E o funcionário respondeu:

– Não, agora ele está perdido dentro da prestação de contas!

Essa história mostra que muitas vezes a atitude de um gerente ou supervisor é que faz as relações no trabalho serem falsas e pouco transparentes. Claro que existem regras, normas e procedimentos, mas é preciso ter bom senso e discernimento ao aplicá-los.

Se tiver de decidir, decida logo e evite sofrimento

Certa vez, a mãe de um menino de dez anos obrigou o filho a participar das aulas de educação física. Um dos exercícios era pular de uma ponte na água. O garoto morria de medo. Ficava no último lugar da fila e sofria a cada salto dado pelo colega na frente dele, porque em pouco tempo chegaria sua vez de saltar.

Um dia, percebendo o medo do garoto, o professor obrigou-o a ser o primeiro a pular. O garoto sentiu o mesmo medo, mas ele acabou tão rápido que depois disso passou a ter coragem.

Às vezes, assistimos a cenas semelhantes na empresa. Gerentes que têm uma tarefa para realizar ou uma difícil decisão a tomar e que, por medo de agir, adiam sempre a obrigação.

É uma lição que precisamos aprender: muitas vezes temos de dar tempo ao tempo. Outras vezes, devemos arregaçar as mangas e enfrentar logo a situação. Não existe coisa pior do que adiar.

Pessoas inertes

Conta a lenda que certo dia um jovem passava por uma aldeia debaixo de um temporal quando viu uma casa se incendiando.

Ao se aproximar, notou que havia um homem dentro da casa, sentado na sala em chamas, já com fogo na altura das sobrancelhas. O jovem gritou:

– Sua casa está pegando fogo!

– Eu sei – respondeu o homem.

– E por que não sai daí?

– Porque está chovendo lá fora e minha mãe me disse que na chuva eu posso pegar uma pneumonia...

Quando leio essa história, lembro-me de certas empresas que resistem a fazer mudanças. Permanecem acomodadas mesmo sentindo que estão sendo engolidas pela concorrência. Apesar de saberem da evolução tecnológica, continuam na era do papel-carbono.

São empresas que preferem a inércia, manter seu modelo arcaico a buscar novas alternativas – às vezes arriscadas, é verdade, mas que podem trazer muito mais chances de sucesso para a empresa do que se ela permanecer num estado de verdadeira paralisia, apoiada em meros paradigmas.

Sábio é o homem que consegue mudar de situação quando se vê forçado a isso.

O momento certo

Um dia, um homem entrou num mosteiro e encontrou um monge sorrindo, sentado no altar.

– Por que o senhor está sorrindo? – o homem perguntou ao monge.

– Porque entendo o significado das bananas – disse o monge, abrindo a bolsa que carregava e tirando de lá uma banana podre. – Esta é a vida que passou e que não foi aproveitada no momento certo, e agora é tarde demais.

Em seguida, tirou da bolsa uma banana ainda verde. Mostrou-a ao homem e tornou a guardá-la.

– Esta é a vida que ainda não aconteceu, é preciso esperar o momento certo – disse o monge.

Por fim, tirou da bolsa uma banana madura, descascou-a e a dividiu com o homem, dizendo:

– Este é o momento presente. Saiba vivê-lo sem medo.

O empresário precisa estar atento para saber o momento ideal para introduzir mudanças e estruturar a empresa diante das perspectivas de mercado e de crescimento. Alguns se precipitam e outros agem tarde demais.

Reaja diante
das atitudes negativas

Um fazendeiro, que lutava com muitas dificuldades, possuía alguns cavalos para ajudar nos trabalhos em sua pequena fazenda.

Um dia, seu capataz trouxe a notícia de que um dos cavalos havia caído num velho poço abandonado.

O poço era muito profundo e seria extremamente difícil tirar o cavalo de lá. O fazendeiro foi rapidamente até o local do acidente e avaliou a situação, certificando-se de que o animal não havia se machucado.

Mas diante da dificuldade de retirar o animal do poço, e em virtude do alto custo da operação, achou que não valia a pena investir no resgate.

Tomou, então, a difícil decisão: determinou ao capataz que sacrificasse o animal jogando terra no poço até enterrá-lo ali mesmo.

E assim foi feito: comandados pelo capataz, os empregados começaram a lançar terra dentro do buraco, de forma a cobrir o cavalo.

Mas conforme a terra caía em seu dorso, o animal a sacudia e ela ia se acumulando no fundo do poço, possibilitando assim que o cavalo fosse subindo.

Logo os homens perceberam que o cavalo não se deixava enterrar e que, ao contrário, estava subindo à medida que a terra enchia o poço, até que, finalmente, conseguiu sair.

Se algum dia, seja no trabalho, seja na vida pessoal, você se sentir por baixo, lembre-se da história desse cavalo. Sacuda a terra que jogarem sobre você. Não se deixe levar pelas atitudes negativas de chefes ou colegas de trabalho. Reaja, sacudindo a terra das incompreensões.

Construa pontes,
e não barreiras

Dois irmãos que moravam em fazendas vizinhas, separadas apenas por um riacho, entraram certa vez em conflito. O que começara com um pequeno mal-entendido finalmente explodiu numa troca de palavras ríspidas, seguidas por semanas de total silêncio.

Numa manhã, o irmão mais velho ouviu baterem à sua porta. Era um carpinteiro com uma caixa de ferramentas procurando por trabalho.

– Tenho trabalho para você – disse o fazendeiro. – Está vendo aquela fazenda além do riacho? É do meu irmão. Quero que construa uma cerca bem alta para que eu não precise mais vê-lo.

– Entendo a situação – disse o carpinteiro. – Farei um trabalho que o deixará satisfeito.

O fazendeiro foi até a cidade e deixou o carpinteiro trabalhando. Quando o fazendeiro retornou, seus olhos não podiam acreditar no que viam. Não havia cerca nenhuma! Em seu lugar havia uma ponte ligando um lado ao outro do riacho. Ao erguer os olhos para a ponte, viu seu irmão aproximando-se da outra margem, correndo de braços abertos. Correram um na direção do outro e abraçaram-se no meio da ponte. Emocionados, viram o carpinteiro arrumando suas ferramentas para partir.

– Não, espere! – disse o mais velho. – Fique conosco mais alguns dias. Tenho muitos outros projetos para você.

E o carpinteiro respondeu:

– Adoraria ficar, mas tenho muitas outras pontes para construir.

Dessa história extraímos duas lições:

A primeira é que podemos ser gerentes que constroem barreiras ou pontes. Particularmente, prefiro construir pontes, pois elas significam a união e a conciliação. As barreiras simbolizam a resistência e o impedimento de meu próprio desenvolvimento.

A segunda lição é que, mesmo sendo contratados para construir barreiras, podemos ter uma atitude como a do carpinteiro e construir pontes em vez de fortalezas.

As pessoas, no fundo do coração, querem isso de nós.

Nunca tome
decisões precipitadas

Existiu certa vez um lenhador que acordava todos os dias às seis da manhã e trabalhava o dia inteiro cortando lenha. Só parava tarde da noite.

Esse lenhador tinha um filho, lindo, de poucos meses, e também uma raposa, sua amiga, tratada como bicho de estimação e de sua total confiança. Todos os dias, o lenhador saía para trabalhar e deixava a raposa tomando conta de seu filho. Todas as noites, ao retornar do trabalho, a raposa ficava feliz com sua chegada. Os vizinhos alertavam o lenhador a toda hora. Diziam que a raposa era, afinal, um bicho, um animal selvagem, e, portanto, não era confiável. Quando ela sentisse fome, certamente iria comer a criança.

O lenhador, sempre retrucando com os vizinhos, falava que tudo isso era uma grande bobagem. A raposa era sua amiga, jamais faria uma coisa dessas. Os vizinhos insistiam:

– Lenhador, abra os olhos! A raposa um dia ainda vai comer seu filho. Quando sentir fome, comerá seu filho!

Um dia, muito exausto do trabalho e já cansado de tantos comentários, o lenhador chegou em casa e deu com a raposa sorrindo como sempre, mas dessa vez com a boca toda ensanguentada. O lenhador suou frio e, sem pensar duas vezes, acertou o machado na cabeça do animal. Ao entrar, desesperado, no quarto do filho, encontrou a criança no berço dormindo tranquilamente e, ao lado da caminha, uma cobra morta.

O lenhador enterrou o machado e a raposa juntos.

Se você confia em alguém, não importa o que os outros pensem a respeito; siga sempre o seu caminho e não se deixe influenciar. E, principalmente, nunca tome decisões precipitadas.

EVITE
PALAVRAS ÁSPERAS

Esta é a história de um menino que tinha um mau caráter por pura falta de paciência com os outros. Um dia seu pai entregou-lhe um saco de pregos e lhe propôs que, cada vez que perdesse a paciência, pregasse um prego atrás da porta.

No primeiro dia, o menino pregou 37 pregos atrás da porta. Nas semanas que se seguiram, à medida que ia aprendendo a controlar seu gênio, o garoto pregava cada vez menos pregos atrás da porta. Com o tempo, ele descobriu que era mais fácil controlar seu gênio que pregar pregos atrás da porta.

E finalmente chegou o dia em que o menino conseguiu controlar seu gênio durante um dia inteiro.

Depois de contar a novidade ao pai, este sugeriu ao filho que, cada dia que conseguisse controlar seu gênio, fosse retirando um prego da porta. Os dias se passaram, até chegar aquele em que o jovem pôde, finalmente, anunciar ao pai que não havia mais pregos pregados atrás da porta.

O pai pegou o filho pela mão, levou-o até a porta esburacada e disse:

– Meu filho, você trabalhou duro, eu sei, mas veja quantos buracos há agora na porta... Ela nunca mais será a mesma. Cada vez que você perde a paciência, deixa cicatrizes exatamente como estas aqui. Você pode insultar alguém e depois pedir desculpas, mas, dependendo da maneira como você falou, o mal pode ter sido devastador, e a cicatriz ficará para sempre.

Uma ofensa verbal pode ser tão prejudicial como uma ofensa física. As boas relações no trabalho são a base de um ambiente agradável e produtivo. Palavras ásperas, mesmo seguidas de pedidos de desculpas, apenas servem para criar rusgas e prejudicar a harmonia tão necessária na empresa.

O cargo de gerente ou diretor lhe concede o poder da autoridade. Nunca o direito de menosprezar os funcionários ou tratá-los com descortesia.

Não dê ouvidos
aos pessimistas

Era uma vez uma corrida de… sapinhos. O objetivo era atingir o alto de uma grande torre. No local, uma multidão assistia. Muita gente para vibrar e torcer por eles. Começou a competição. Como a multidão, no fundo, não acreditava que os sapinhos pudessem alcançar o alto daquela torre, o que mais se ouvia era: "Que pena! Os sapinhos não vão conseguir. Não vão conseguir". E os sapinhos começaram a desistir. Mas havia um sapinho que persistia e continuava a subida em busca do topo. A multidão continuava a gritar: "Ah, que pena! Vocês não vão conseguir". E os sapinhos iam mesmo desistindo, um por um, menos aquele outro, que continuava tranquilo, embora arfante.

Ao término da competição, todos já haviam desistido, menos ele. A curiosidade, então, tomou conta de todo mundo. Queriam saber o que tinha acontecido. E, quando se reuniram em volta do sapinho vencedor para perguntar a ele como é que tinha conseguido concluir a prova, descobriram que ele era surdo.

Todos os dias somos bombardeados por palavras vindas de pessoas negativas. Não deixe que elas destruam seus sonhos nem impeçam suas realizações. Seja positivo. Fará bem a você e aos outros.

Fale, mas fale com conteúdo

Esta história reflete o comportamento de muitas empresas e pessoas que gostam de fazer muito barulho, mas que, no fundo, no fundo, não demonstram ter muito conteúdo.

Certa manhã, meu pai me convidou para dar um passeio no bosque. Eu aceitei com prazer. Depois de um tempo, paramos para descansar numa clareira. Após um breve silêncio, ele me perguntou:

– Além do cantar dos pássaros, você está ouvindo mais alguma coisa?

Apurei os ouvidos por alguns segundos e respondi:

– Estou ouvindo o barulho de uma carroça.

– Isso mesmo – disse meu pai. – Uma carroça vazia...

– Como pode saber que a carroça está vazia, se ainda não a vimos? – perguntei a ele.

– Ora – respondeu meu pai –, é muito fácil saber que uma carroça está vazia: quanto mais vazia a carroça, mais barulho ela faz.

Tornei-me adulto e, até hoje, quando vejo uma pessoa falando demais, de maneira inoportuna, interrompendo a conversa de todo mundo, tenho a impressão de ouvir a voz de meu pai dizendo:

– Quanto mais vazia a carroça, mais barulho ela faz...

Você é quem
constrói sua empresa

Um carpinteiro estava para se aposentar. Ele contou ao chefe seus planos de largar o serviço de carpintaria e de construção de casas para viver uma vida mais calma com a família. Claro que um salário mensal faria falta, mas ele desejava muito a aposentadoria. O dono da empresa sentiu em saber que perderia um de seus melhores empregados e lhe pediu que construísse uma última casa como um favor especial.

O carpinteiro consentiu, mas com o tempo se via que seus pensamentos e seu coração não estavam no trabalho. Ele já não se empenhava como antes no serviço e acabou até utilizando mão de obra e matérias-primas de qualidade inferior. Uma maneira lamentável de encerrar a carreira.

Quando o carpinteiro terminou o trabalho, seu ex-chefe foi inspecionar a casa. No fim da visita, entregou a chave da porta ao carpinteiro.

– Esta casa é sua – disse. – Meu presente para você.

Que choque! Que vergonha! Se soubesse que estava construindo a própria casa, teria feito tudo diferente, não teria sido tão inconsequente. Agora teria de morar numa casa feita de qualquer maneira.

Assim também acontece conosco. Às vezes, trabalhamos de maneira distraída, reagindo mais do que agindo, desejando colocar sempre menos do que o nosso melhor.

Lembre-se: você constrói a empresa em que trabalha. Você é o carpinteiro. A realização de suas tarefas, ou seja, a qualidade de seu trabalho é que definirá a qualidade da casa em que você trabalha.

Se quiser que as coisas funcionem, acompanhe tudo de perto

Um granjeiro pediu certa vez a um sábio que o ajudasse a melhorar a produtividade de sua granja, que estava apresentando um baixo rendimento. O sábio escreveu algo em um pedaço de papel, colocou o papel em uma caixa, fechou-a e a entregou ao granjeiro, dizendo:

– Leve esta caixa por todos os lados da granja, três vezes ao dia, durante um ano.

Assim fez o granjeiro. Pela manhã, ao ir ao campo segurando a caixa, encontrou um empregado dormindo, quando deveria estar trabalhando. Acordou-o e chamou sua atenção. Ao meio-dia, quando foi ao estábulo, deu com o gado sujo e os cavalos sem alimentação. E à noite, ao ir à cozinha com a caixa, notou que o cozinheiro estava desperdiçando alimentos. A partir daí, todos os dias, ao percorrer a granja de um lado para o outro com seu amuleto, encontrava coisas que deveriam ser corrigidas.

Ao final do ano, o granjeiro voltou a se encontrar com o sábio e lhe disse:

– Deixe esta caixa comigo por mais um ano, por favor. O rendimento da minha granja melhorou desde que estou com este amuleto.

O sábio riu e, abrindo a caixa, disse:

– Pois você pode ter este amuleto pelo resto de sua vida.

No papel estava escrita a seguinte frase: "Se quer que as coisas melhorem, acompanhe-as de perto".

Acompanhar as atividades do funcionário é muito importante.

Se você não acompanha, seus subordinados também não acompanharão, e quando ninguém acompanha nada, o que impera é a improdutividade. Se você é gerente ou diretor e quer que as coisas melhorem na empresa, acompanhe tudo sistematicamente.

Recompense os
comportamentos corretos

Um homem que estava pescando olhou pela borda de seu barco e viu na água uma cobra com um sapo na boca. Sentindo pena do sapo, curvou-se, tirou cuidadosamente o sapo da boca da cobra e o soltou. Mas logo também sentiu pena da cobra faminta. Não tendo comida para lhe oferecer, pegou uma garrafa de uísque e derramou algumas gotas na boca da cobra, que foi embora feliz da vida. O sapo também estava radiante, e o pescador mais satisfeito ainda consigo mesmo pelas boas ações praticadas. Pensou que estava tudo bem, até que, 15 minutos depois, ouviu alguma coisa batendo na lateral do barco. Olhou para baixo e, sem acreditar, viu que a cobra estava de volta, agora com dois sapos na boca.

Esta fábula nos ensina uma lição importante: é fácil cair na armadilha de recompensar atividades erradas. Muitas vezes tomamos uma medida esperando determinado resultado e o efeito é completamente oposto ao que desejamos. Independentemente do que acontecer, esteja certo de que as pessoas vão fazer aquilo que for mais vantajoso para elas.

O maior obstáculo para o sucesso das organizações de hoje é a grande distância entre o comportamento que precisamos obter e o comportamento que acabamos recompensando.

Por exemplo: precisamos de gerentes de primeira linha que tomem decisões de longo prazo, mas os recompensamos com excelentes bonificações baseadas em lucros a curto prazo e os ameaçamos quando os lucros despencam. Resultado: os gerentes maximizam os lucros a curto prazo, investem menos dinheiro em pessoas e equipamentos, e as empresas ficam estagnadas.

Nessas circunstâncias, é muito provável que você e eu fizéssemos exatamente a mesma coisa que esses gerentes. Se você quer mudanças para obter resultados positivos, recompense as pessoas pelos comportamentos corretos.

Tente entender o que o outro está dizendo

Uma vez, quatro mendigos se encontraram por acaso em uma encruzilhada: um turco, um árabe, um persa e um grego. Para celebrar o encontro, decidiram fazer uma refeição juntos. Reuniram os poucos centavos que tinham, com o intuito de comprar algo para a comemoração. Mas aí chegaram a um impasse. O que comprar com o dinheiro? "Uzum", disse o turco. "Ineb", disse o árabe. "Inghur", disse o persa. "Staphilion", disse o grego. Cada um deles havia feito sua escolha num tom decidido, e logo todos estavam discutindo ferozmente, cada um defendendo que sua escolha era a melhor.

Nesse momento, passou por ali um sábio que conhecia todas aquelas línguas e revelou o absurdo da briga.

– Cada um de vocês está sugerindo a mesma coisa, só que com palavras diferentes: uvas!

Quantas vezes não nos inflamamos e saímos, de espada em punho, defendendo nossas opiniões, sem ao menos confirmar antes ou tentar entender o que o outro está nos dizendo?

A GLÓRIA E A DERROTA
SÃO PASSAGEIRAS

Havia certa vez um rei sábio e bom que já se encontrava no fim da vida. Um dia, pressentindo a chegada da morte, chamou seu único filho, que o sucederia no trono, tirou do dedo um anel e deu-o a ele, dizendo:

– Meu filho, quando fores rei, leva sempre contigo este anel. Nele há uma inscrição. Quando viveres situações extremas de glória ou de dor, retira-o e lê o que há nele.

Então o rei morreu, e seu filho passou a reinar em seu lugar, sempre usando o anel que o pai lhe deixara. Passado algum tempo, surgiram conflitos com um reino vizinho que culminaram numa terrível guerra.

À frente de seu exército, o jovem rei partiu para enfrentar o inimigo. No auge da batalha, seus companheiros lutavam bravamente; mortos, feridos, tristeza, dor, e o rei se lembra então do anel. Tira-o do dedo e lê a inscrição: "Isto também passará".

E ele continuou na luta. Perdeu batalhas, venceu outras tantas, mas ao final se saiu vitorioso.

Retorna, então, a seu reino e, coberto de glória, entra em triunfo na cidade. O povo o aclama. Chama-o de herói. Nesse momento ele se lembra de seu velho e sábio pai. Tira o anel e lê: "Isto também passará".

Para quem você trabalha?

A expressão "cliente interno" tem sido utilizada por muitas empresas que adotam a filosofia da Qualidade Total. Exagerando um pouco, poder-se-ia dizer que essa concepção é a descoberta do século no que se refere a conceito de trabalho. Para entender melhor o que é o cliente interno, imagine a cena de um filme antigo: houve um incêndio na cidade e, como não existia ainda carro de bombeiro, é a própria população que aparece e ajuda a apagar o incêndio.

Forma-se uma fila imensa, e todos vão passando o balde de água para a pessoa ao lado. Quem está no início da fila, perto da fonte, às vezes nem sabe exatamente onde é o incêndio. Quem está no meio sabe que tem de passar o balde cheio d'água no ritmo certo, sincronizado, para não prejudicar todo o processo de apagar o fogo. E quem está jogando a água próximo ao fogo também não sabe quem está trabalhando ao longo da fila, só sabe que tem de receber o balde e rapidamente jogar a água contra o fogo.

Assim também é na empresa. Cada pessoa faz seu trabalho e o passa para alguém, que é o seu cliente interno no processo. Na cadeia do processo, o último a receber o produto ou serviço é chamado de cliente externo.

Quando o conceito de cliente interno é aplicado, os conflitos entre os departamentos diminuem e as pessoas começam a pensar e a agir de maneira diferente, fortalecendo o espírito de equipe.

Identifique na empresa quem é o seu cliente interno; é para ele que você trabalha!

Se não estiver feliz
no trabalho, parta para outro

Você conhece o ditado "Macaco velho não bota a mão em cumbuca". Ele se explica porque os caçadores de macaco usam o seguinte método para caçar o animal: abrem um pequeno buraco num coco, colocam uma banana dentro e enterram o coco. Com fome, o macaco sente o cheiro da banana e apanha o coco. Coloca a mão na abertura, pega a banana, mas não consegue tirá-la, porque sua mão fechada não passa pela abertura. Em vez de largar a fruta, o macaco fica ali lutando contra o impossível, até ser agarrado. Daí o ditado "macaco velho não bota a mão em cumbuca".

Mas parece que essa teimosia não acontece só com os macacos. Tenho visto pessoas que se dizem insatisfeitas com o trabalho, mas que insistem em continuar no emprego. Se você não está feliz com seu trabalho, parta para outro. Não fique como o macaco, preso a uma banana, esperando a morte chegar.

Não tenha medo
de arriscar

Havia um rei que, quando fazia prisioneiros, não os matava; levava-os a uma sala onde havia um grupo de arqueiros em um canto e uma imensa porta de ferro no outro, com figuras de caveiras cobertas de sangue. Dizia aos prisioneiros:

— Vocês podem escolher morrer flechados por meus arqueiros ou passar por aquela porta e lá serem trancados.

Todos os que por ali passavam escolhiam ser mortos pelos arqueiros. Um dia um soldado perguntou ao rei:

— O que há por trás dessa assustadora porta?

— Vá e veja você mesmo — disse o rei.

O soldado então abriu vagarosamente a porta e percebeu que à medida que o fazia, raios de sol iam adentrando e clareando o ambiente, até que, quando ela estava totalmente aberta, notou que levava à liberdade, a um caminho que libertaria quem por ela passasse. O soldado ficou espantado, e o rei disse:

— Eu dou a todos a possibilidade de escolha, mas todos preferem morrer a arriscar abrir esta porta.

Na empresa ou na vida pessoal, quantas portas deixamos de abrir por medo de arriscar? Quantas vezes nos anulamos por sentir medo de abrir a porta de nossos sonhos?

Para qualquer problema, há sempre uma saída

Certa vez, um homem foi acusado de um crime que não cometeu. Ele sabia que tudo seria feito para condená-lo. O juiz simulou um julgamento justo, fazendo ao final uma proposta ao acusado:

– Vou escrever em um pedaço de papel a palavra "inocente" e em outro a palavra "culpado". Você sorteia um dos papéis, e aquele que pegar será o seu veredicto.

Sem o acusado perceber, o juiz escreveu nos dois papéis a palavra "culpado", de maneira que, naquele instante, não existia nenhuma chance de o acusado se livrar da forca. Não havia saída. Não havia alternativas para o pobre homem.

O juiz colocou os dois papéis em uma mesa e mandou o acusado escolher um. O homem pensou alguns segundos e, pressentindo a armadilha, pegou um dos papéis e rapidamente o colocou na boca e engoliu.

– Mas o que você fez, homem?! E agora? – disse o juiz. – Como vamos saber qual o seu veredicto?

– É muito fácil – respondeu o acusado. – Basta olhar o papel que sobrou e saberemos que acabei engolindo o seu contrário.

Imediatamente o homem foi libertado.

Moral da história: por mais difícil que seja uma situação, nunca deixe de acreditar até o último momento. Para qualquer problema, há sempre uma saída.

A INTEGRAÇÃO DOS SETORES FORTALECE A EMPRESA

Um homem tinha muitos filhos que viviam brigando. Não havia meio de conseguir harmonia na família. Um dia, ele pegou um feixe de gravetos e pediu que cada filho tentasse quebrá-lo com o joelho. Todos tentaram e não conseguiram. Então ele desfez o feixe e distribuiu um graveto para cada filho. Dessa vez ninguém teve dificuldade em quebrar o seu.

– Vejam só – disse o pai –, se vocês se unirem, não haverá inimigo que possa vencê-los, mas separados...

O que mais observo nas organizações é a falta de união entre os setores. Na maioria dos casos, cada departamento visa aos próprios interesses, transformam-se em verdadeiros feudos dentro da empresa e, com isso, ela se torna frágil e vulnerável.

Promover o trabalho em equipe é tarefa difícil, pois envolve pessoas e sentimentos. Mas esta é a principal missão de um gerente: fazer com que haja integração entre os setores.

Só promovendo o trabalho em equipe é que o gerente fará a sua empresa sólida e resistente para enfrentar a força da concorrência.

Para consertar o mundo, conserte primeiro o homem

Um diretor de jornal mandou que seu melhor jornalista escrevesse uma matéria sobre como consertar o mundo. Deu-lhe três dias de folga para refletir.

Ao chegar em casa, o jornalista disse à mulher que tinha três dias de folga e aproveitou para passear. Como era bom na sua atividade, não se preocupou e deixou o texto para a última hora.

No primeiro dia, ele foi para a casa de campo; no segundo, para a praia; no terceiro, ficou com a família descansando em casa. Ao final da tarde, dirigiu-se para o seu escritório em casa, pegou um mapa-múndi que tinha guardado, estendeu-o sobre a mesa e ficou buscando inspiração para a matéria.

Depois de muito rascunho jogado no lixo, eis que seu filhinho entra na sala com um gafanhoto na mão, passando a perturbar o pai para que escrevesse algo a respeito daquele bichinho. Já de cabeça quente e furioso, o pai pegou o mapa, rasgou-o em vários pedaços, colocou-os na mão do garoto e disse:

– Assim que você montar novamente esse mapa, escreverei algo a respeito do bichinho...

O garoto saiu, e não demorou 15 minutos estava de volta com o mapa completamente restaurado. Espantado, o pai exclamou:

– Filho! Como você pôde, em tão pouco tempo, montar esse mapa?

E o garoto explicou:

– Pai, é que o senhor não percebeu que atrás do mapa havia o desenho de um homem. Eu consertei o homem e acabei consertando o mundo!

E depois disso o jornalista não teve mais dúvidas de como solucionar o seu problema.

Valorize as coisas simples

Num pequeno vilarejo, numa casa simples mas limpa e bem-arrumada, vivia um homem com sua família: mulher, três filhos e a sogra. O homem, porém, sentia-se completamente infeliz. Reclamava de tudo e de todos. Ora implicava com os filhos, ora era a sogra que o aborrecia, ora a casa é que era pequena demais, ou então a esposa é que não era boa o suficiente... Nada o satisfazia.

Um dia, cansado de tanto sofrer, resolveu aconselhar-se com o homem mais sábio do vilarejo.

O sábio então lhe disse:

– Vá, meu filho, procure um bode e o coloque dentro de casa.

O homem se surpreendeu com aquele conselho, mas diante da insistência do sábio, resolveu fazer o que ele sugeria. Passado algum tempo, o homem infeliz voltou ao sábio mais infeliz ainda, dizendo que sua vida tinha ficado muito pior, que sua casa agora estava suja, barulhenta, malcheirosa, insuportável, e perguntou o que deveria fazer.

E o sábio lhe disse:

– Vá e tire o bode de sua casa.

E assim ele fez. Tamanho foi o alívio por se ver livre do animal que, a partir daquele dia, ele se transformou em um novo homem. Começou a descobrir e a valorizar uma porção de coisas, coisas simples, que sempre tinham estado à sua volta e que ele nunca tinha percebido a existência.

Antes de criticar, verifique seus próprios defeitos e limitações

Um casal recém-casado mudou-se para um bairro muito tranquilo. Na primeira manhã que passavam na casa nova, enquanto tomavam o café da manhã, a mulher reparou em uma vizinha que pendurava lençóis no varal. Comentou com o marido:

– Que lençóis sujos ela está pendurando no varal! Está precisando é de um sabão novo. Se eu tivesse intimidade, perguntaria se ela gostaria que eu a ensinasse a lavar roupa!

O marido escutou calado.

Três dias depois, também durante o café da manhã, a vizinha estava de novo pendurando lençóis no varal. E novamente a mulher comentou com o marido:

– Nossa vizinha continua pendurando lençóis sujos! Se eu tivesse intimidade, perguntaria se ela gostaria que eu a ensinasse a lavar roupa!

E assim, a cada três dias, a mulher repetia esse discurso ao ver a vizinha pendurando roupas no varal.

Passado um mês, a mulher se surpreendeu ao ver lençóis muito brancos sendo estendidos. Empolgada, foi dizer ao marido:

– Veja, finalmente ela aprendeu a lavar roupa! Será que outra vizinha deu o sabão a ela? Porque eu mesma não fiz nada...

O marido calmamente respondeu:

– Não. É que hoje eu levantei mais cedo e lavei a vidraça da nossa janela...

E assim é. Tudo depende da janela através da qual observamos os fatos. Antes de criticar, verifique se você fez alguma coisa para contribuir, verifique seus próprios defeitos e limitações. Devemos olhar, antes de tudo, para nossa própria casa, para dentro de nós mesmos. Essa é a nossa melhor contribuição.

Quem cria o ambiente de trabalho é você

De vez em quando, ouço pessoas dizerem: "Não dá para trabalhar nesta empresa, o pessoal aqui é muito estranho, muito complicado, são todos uns egoístas…". Quando ouço isso, me lembro de uma lenda.

Certa vez, um jovem chegou à beira de um oásis e, aproximando-se de um velho, perguntou-lhe:

– Que tipo de pessoas vive neste lugar?

Em vez de responder, o velho perguntou:

– Que tipo de pessoas vive no lugar de onde você vem?

– Ah! Um grupo de pessoas egoístas e malvadas – respondeu o rapaz. – Estou satisfeito de ter saído de lá.

E o velho replicou:

– A mesma coisa você haverá de encontrar por aqui.

No mesmo dia, outro jovem chegou ao oásis e, vendo o ancião, perguntou-lhe:

– Que tipo de pessoas vive aqui?

O velho respondeu com a mesma pergunta que fizera ao outro rapaz:

– Que tipo de pessoas vive no lugar de onde você vem?

O jovem respondeu:

– Pessoas magníficas, amigas, honestas, hospitaleiras. Fiquei muito triste por ter de deixá-las.

– Pois o mesmo você encontrará aqui – respondeu o ancião.

Um homem que havia escutado as duas conversas perguntou ao velho:

– Como é possível dar respostas tão diferentes à mesma pergunta?
Ao que o velho respondeu:

– Aquele que nada encontrou de bom nos lugares por onde passou nada poderá encontrar de bom por aqui. Aquele que encontrou amigos também os encontrará aqui. Ou seja, cada um encontra na vida exatamente aquilo que traz dentro de si mesmo.

O mesmo se dá no nosso ambiente de trabalho: somos nós quem o criamos. Ele só depende de nós mesmos.

Torne-se maior
no trabalho

Alguns funcionários não se sentem preparados quando recebem uma promoção. Vão deixar de ser subordinados e transformar-se em supervisores e gerentes, e aí vem o medo de assumir novas responsabilidades. Não devemos ter medo de progredir. O curso normal da natureza é a transformação.

Dizem que antes de um rio cair no oceano ele treme de medo. Olha para trás, para toda a jornada que percorreu, para os cumes, as montanhas, para o longo caminho sinuoso que trilhou através de florestas e povoados, e vê à sua frente um oceano tão vasto que entrar nele nada mais é que desaparecer para sempre.

Mas não há outra maneira. Um rio não pode voltar. Ninguém pode voltar. Voltar é impossível para uma carreira bem-sucedida. Você pode apenas seguir em frente. O rio precisa se arriscar e entrar no oceano. Somente quando entra no oceano é que o medo desaparece, porque então o rio saberá que não se trata de desaparecer no oceano, mas de se tornar oceano. Por um lado, é desaparecimento; por outro, é renascimento. Assim é com aqueles que são promovidos e crescem na empresa. Você pode ir em frente e se arriscar. Coragem, torne-se oceano, torne-se maior em seu trabalho.

A melhor forma de ensinar é dar o exemplo

Napoleão Bonaparte foi, sem dúvida, um dos maiores líderes que o mundo já conheceu. Certa vez, seu exército estava se preparando para uma de suas maiores batalhas. As forças adversárias tinham um contingente três vezes maior que o das tropas de Napoleão, além de um equipamento muito superior. Napoleão avisou os generais de que estava indo também para a frente de batalha e eles procuraram convencê-lo a mudar de ideia:

– Comandante, o senhor é o império. Se morrer, o império deixará de existir. A batalha será muito difícil. Deixe que cuidaremos de tudo. Por favor, fique. Confie em nós.

Tudo em vão, nada fez Napoleão mudar de ideia. No meio da noite, o general Junot, um de seus brilhantes auxiliares e também amigo, procurou-o e, de novo, tentou mostrar o perigo de o imperador ir para a frente de batalha. Napoleão olhou-o com firmeza e disse:

– Não tem jeito, eu vou.

– Mas por que, comandante?

E Napoleão respondeu:

– É mais fácil puxar do que empurrar.

Servir de exemplo não é a melhor forma de ensinar; é a única forma de ensinar!

Se os diretores quiserem que as coisas melhorem na empresa, precisam dar o exemplo. Se os funcionários não percebem o esforço e o firme propósito da diretoria, dificilmente promoverão as mudanças necessárias. Liderar não é tarefa fácil.

Você vale pelo que é, e não pelo que tem

Um famoso conferencista começou um dia sua palestra segurando uma nota de cinquenta reais. Numa sala com duzentas pessoas, ele perguntou à plateia:

– Quem quer esta nota de cinquenta reais?

Mãos começaram a se erguer.

– Eu darei esta nota a um de vocês, mas primeiro deixem-me fazer isto!

Então ele amassou a nota. E perguntou outra vez:

– Quem ainda quer esta nota?

As mãos continuaram erguidas.

– Bom, e se eu fizer isto? – perguntou, deixando a nota cair no chão e começando depois a pisá-la e a esfregá-la. Em seguida, pegou a nota imunda e amassada, e perguntou:

– E agora? Quem ainda quer esta nota?

Todas as mãos permaneceram erguidas.

– Meus amigos, aprendam esta lição. Não importa o que eu faça com o dinheiro, vocês ainda vão querer esta cédula, porque ela não perde o valor, ela sempre valerá cinquenta reais.

Isso também se dá conosco. Muitas vezes na vida, somos amassados, pisoteados e ficamos sujos por decisões que tomamos ou por circunstâncias com que deparamos em nosso caminho. E assim nos sentimos desvalorizados, sem importância. Porém, creiam: não importa o que aconteceu ou acontecerá, jamais perdemos nosso valor.

Quer estejamos sujos, quer estejamos limpos, quer amassados ou inteiros, nada disso altera a importância que temos: o nosso valor.

Novos desafios renovam nosso ânimo

Uma tarde, o pai saiu para um passeio com as duas filhas, uma de oito e a outra de quatro anos de idade. Em determinado momento da caminhada, a filha mais nova pediu ao pai que a carregasse, pois estava muito cansada para continuar andando. O pai respondeu que também estava exausto. Diante da resposta, a garotinha começou a choramingar e a fazer corpo mole.

Sem dizer uma palavra, o pai limitou-se a cortar um galho comprido de uma árvore. Depois, o entregou à filha, dizendo:

– Olhe aqui um cavalinho para você montar, filha! Ele irá ajudá-la a seguir em frente.

A menina parou de chorar e pôs-se a cavalgar o galho tão rápido que chegou em casa antes dos outros. Ficou tão encantada com seu cavalo de pau que foi difícil fazê-la parar de galopar.

A irmã mais velha ficou intrigada com o que viu e perguntou ao pai como entender a atitude da irmã.

O pai sorriu e respondeu:

– Assim é a vida, minha filha. Às vezes a gente está física e mentalmente cansado, certo de que é impossível continuar. Mas então encontramos um "cavalinho" qualquer que nos dá ânimo outra vez.

Esse cavalinho pode ser um novo desafio, uma nova oportunidade no trabalho... O importante é nunca se deixar levar pela preguiça ou pelo desânimo.

Só assuma novas responsabilidades se estiver preparado

Conta uma antiga fábula que um camundongo vivia angustiado com medo do gato. Então um mágico teve pena dele e o transformou em um gato. Mas como ele ficou com medo do cão, o mágico o transformou em uma pantera. Então ele começou a temer os caçadores.

A essa altura o mágico desistiu. Voltou a transformá-lo em camundongo e lhe disse:

– Nada que eu faça vai ajudá-lo, porque você tem apenas a coragem de um camundongo.

Há pessoas assim, como o rato medroso. Apesar de crescerem na empresa, assumindo cargos mais importantes, continuam medrosas, sentem-se inseguras e estão sempre postergando decisões importantes por medo de errar.

Antes de promover alguém para um cargo de chefia, o qual exige agilidade e segurança de ações, analise bem a capacidade do funcionário e a autoconfiança dele.

Procure sempre se renovar profissionalmente

A águia é a ave de maior longevidade. Chega a viver setenta anos. Mas para alcançar essa idade, aos quarenta anos ela tem de tomar uma séria e difícil decisão.

Com quarenta anos de vida, ela já está com as unhas compridas e flexíveis e não consegue mais agarrar as presas das quais se alimenta. O bico alongado e pontiagudo se curva, apontando para o peito. As asas estão envelhecidas e pesadas em razão da grossura das penas. Voar torna-se muito difícil.

Só restam à águia duas alternativas: morrer ou enfrentar um dolorido processo de renovação que irá durar 150 dias. Esse processo consiste em voar para o alto de uma montanha e se recolher a um ninho próximo a um paredão. Após encontrar esse lugar, a águia começa a bater com o bico no paredão até conseguir fazer o bico cair. Depois disso, espera nascer um novo bico, com o qual vai depois arrancar suas unhas. Quando as novas unhas começam a nascer, a águia passa a arrancar as velhas penas. E só passados cinco meses a ave sai para seu famoso voo de renovação e para viver mais trinta anos.

Em nossa vida, muitas vezes também temos de nos resguardar por algum tempo para dar início a um processo de renovação. Para que continuemos a voar um voo vitorioso, devemos nos desprender de lembranças, costumes e outras tradições que nos causaram dor. Somente livres do peso do passado podemos aproveitar o resultado valioso que uma renovação sempre traz.

Não se pode agradar a todos

Muitas pessoas se comportam de uma forma que, imaginam, agradará a todos. Conheci um gerente que não sabia se agradava a seu diretor ou aos funcionários e, como era de se esperar, terminou perdendo o cargo e o emprego. A situação me fez lembrar da história do homem, do menino e do burro.

Um pai andava pelas ruas com seu filho e um jumento. O pai ia montado no animal, enquanto o filho o conduzia, puxando o burrico por uma corda.

– Pobre criança! – exclamou uma pessoa na rua. – Uma criança tão pequena se esforçando tanto! Como pode o pai ficar ali sentado tão calmamente em cima do burro, vendo o menino virar um farrapo de tanto andar.

O pai levou a sério a observação, desmontou do jumento na esquina seguinte e colocou o menino sobre a sela. Não passou muito tempo, outro passante ergueu a voz para dizer:

– Que absurdo! O pequeno fedelho vai lá sentado como um sultão, enquanto seu velho pai caminha ao lado.

Esse comentário magoou o menino, e então ele pediu ao pai que montasse também no burro, às suas costas.

– Onde já se viu uma coisa dessas! – resmungou uma mulher que passava. – Tamanha crueldade com os animais! O lombo do pobre jumento já está até envergando. Como pode esse velho e seu filho usarem o animal como se ele fosse um sofá? Pobre criatura!

O pai e o filho se entreolharam e, sem dizer uma palavra, desmontaram. Entretanto, mal tinham dado alguns passos, outro estranho fez troça deles:

– Graças a Deus não nasci tão otário assim! Por que vocês dois conduzem esse jumento se ele não lhes presta serviço algum, se nem mesmo serve de montaria para um de vocês?

O pai colocou um punhado de palha na boca do jumento, pôs a mão sobre o ombro do filho e disse:

– Independentemente do que fazemos, sempre há alguém discordando da nossa atitude. Acho melhor nós mesmos determinarmos o que é correto.

A FAMÍLIA EM PRIMEIRO LUGAR

Um consultor especialista em Gestão de Tempo quis surpreender a plateia durante uma conferência. Tirou de debaixo da mesa um frasco grande, de boca larga, colocou-o sobre a mesa ao lado de uma pilha de pedras do tamanho de um punho e perguntou:

– Quantas pedras vocês acham que cabem neste frasco?

Após algumas conjecturas dos presentes, o consultor começou a colocar as pedras até encher o frasco. Perguntou então:

– O frasco está cheio?

Todos olharam para o recipiente e disseram que sim. Em seguida, o conferencista tirou um saco com pedrinhas bem pequenas de debaixo da mesa. Colocou parte das pedrinhas dentro do frasco e agitou-o. As pedrinhas penetraram nos espaços que havia entre as pedras grandes. O consultor sorriu com ironia e repetiu:

– O frasco está cheio?

Dessa vez a plateia ficou em dúvida:

– Talvez não… – disseram alguns.

– Muito bem! – exclamou o consultor, pousando sobre a mesa um saco com areia, que começou a despejar no frasco. A areia infiltrava-se nos pequenos espaços deixados pelas pedras e pelas pedrinhas.

– Está cheio? – perguntou de novo.

– Não! – exclamaram os participantes.

O conferencista então pegou um jarro e começou a jogar água dentro do frasco, que absorvia a água, sem transbordar. Deu por encerrada a experiência e disse:

– Bem, o que acabamos de demonstrar?

Um participante respondeu:

– Que não importa quão cheia esteja nossa agenda; se quisermos, sempre conseguiremos fazer com que caibam outros compromissos.

– Não! – concluiu o especialista. – O que esta lição nos ensina é que, se não colocarmos as pedras grandes primeiro, nunca seremos capazes de colocá-las depois. E quais são as grandes pedras da nossa vida? São nossos filhos, a pessoa amada, nossa família, os amigos, nossos sonhos, nossa saúde. Trabalho, agenda, compromissos sempre encontrarão seu lugar...

Como evitar fofocas e intrigas no trabalho

Para diminuir a fofoca no ambiente de trabalho, uma empresa instituiu o exercício das três peneiras. Funcionava assim: toda vez que um funcionário fosse contar algo a uma pessoa, esta deveria perguntar:

– Você já passou o que vai me dizer pelas três peneiras?

As peneiras eram as seguintes:

1) O que você tem a me dizer é verdade? Tem certeza de que é um fato, algo que realmente ocorreu?

2) Você gostaria que falassem de você o que você vai me falar agora?

3) O que você tem a me dizer agregará valor à empresa e melhorará o ambiente de trabalho?

Se o que a pessoa tivesse para falar não passasse pelas três peneiras, significava que era algo que não deveria ser contado, pois provavelmente se tratava de uma inverdade.

Só o fato de as pessoas saberem que naquela empresa se aplicava o teste das três peneiras foi suficiente para elas evitarem a prática da fofoca, pois não queriam passar pelo vexame de uma exposição.

Se você acha que esse teste pode ser aplicado na sua empresa, não perca a oportunidade: institua a prática das três peneiras!

Antes de reclamar, certifique-se de que não é você quem causa o problema

Certa vez, em uma cidade do interior, um padeiro foi ao delegado e deu queixa do vendedor de queijos, que, segundo ele, estava roubando, pois vendia oitocentos gramas de queijo como se fosse um quilo. O delegado pegou o queijo de um quilo e constatou que de fato ele só pesava oitocentos gramas. Mandou então prender o vendedor de queijos sob a acusação de estar adulterando a balança.

Ao ser notificado da acusação, o vendedor de queijos confessou ao delegado que não tinha peso em casa e, por isso, todos os dias comprava dois pães de meio quilo cada, colocava os pães em um prato da balança e o queijo em outro. Quando o fiel da balança se equilibrava, ele então sabia que tinha um quilo de queijo.

Para tirar a prova, o delegado mandou comprar dois pães na padaria do acusador e constatou que dois pães de meio quilo não equivaliam a um quilo. O delegado concluiu, então, que quem estava fraudando o cliente era o mesmo que estava acusando o vendedor de queijos.

Às vezes agimos dessa forma: reclamamos de nossos fornecedores sem perceber que somos nós os causadores dos problemas existentes no produto ou no serviço fornecido.

A qualidade depende diretamente do nível de qualidade dos produtos ou serviços que deram entrada no processo. Portanto, ao contratar fornecedores, certifique-se de que as especificações dos produtos estejam claras, corretas e formalmente documentadas.

Não se deixe incomodar pelo mau humor dos outros

Um colunista acompanhava um amigo a uma banca de jornais. O amigo cumprimentou o jornaleiro amavelmente, mas recebeu de volta um tratamento rude e grosseiro. Pegando o jornal que havia sido atirado em sua direção, o amigo do colunista sorriu polidamente e desejou um bom fim de semana ao jornaleiro. Quando os dois amigos desciam pela rua, o colunista perguntou:

– Ele sempre trata você com essa grosseria?

– Sim, infelizmente sempre foi assim...

– E você é sempre tão polido e amigável com ele?

– Sim, procuro ser.

– Por que você é tão educado, já que ele é tão grosseiro com você?

– Porque não quero que ele decida como eu devo agir.

Moral da história: você é seu próprio dono e não deve se curvar diante do vento que sopra. Não se pode ficar à mercê do mau humor, da impaciência e da raiva dos outros. Não são os ambientes que nos transformam, mas nós que transformamos os ambientes.

Busque o equilíbrio na vida

Em uma conferência numa universidade americana, um executivo falou sobre a relação entre o trabalho e outros compromissos da vida:

– Imagine a vida como um jogo de malabares, em que você lança ao ar cinco bolas. Essas bolas são o trabalho, a família, a saúde, os amigos e o espírito. O trabalho é uma bola de borracha. Se cair, bate no chão e pula para cima. Mas as quatro outras são de vidro. Se caírem no chão, quebrarão e ficarão permanentemente danificadas.

Entenda isso e busque o equilíbrio na sua vida. Como?

- Não diminua seu valor, comparando-se com outras pessoas. Somos todos diferentes. Cada um de nós é um ser especial. Não fixe seus objetivos com base no que os outros acham importante. Só você está em condições de escolher o que é melhor para você.

- Dê valor e respeite as coisas mais queridas do seu coração. Apegue-se a elas como a própria vida. Sem elas, a vida carece de sentido. Não deixe que a vida escorra entre os dedos, vivendo no passado ou no futuro. Se viver um dia de cada vez, viverá todos os dias de sua vida.

- Não desista, quando você ainda é capaz de um esforço a mais. Nada termina até o momento em que se deixa de tentar. Não tema admitir que não é uma pessoa perfeita.

- Não tema enfrentar riscos. É correndo riscos que aprendemos a ser valentes.

- Não exclua o amor de sua vida, dizendo que não é possível encontrá-lo. A melhor forma de receber amor é dando amor. A forma mais rápida de ficar sem amor é apegando-se demasiadamente a si próprio. A melhor forma de manter o amor é dando-lhe asas.
- Não corra tanto pela vida, a ponto de esquecer onde esteve e para onde vai.
- Não tenha medo de aprender. O conhecimento é leve. É um tesouro que se carrega com facilidade.
- Não use imprudentemente o tempo ou as palavras. Eles são coisas que jamais poderemos recuperar.
- A vida não é uma corrida, mas uma viagem que deve ser desfrutada passo a passo.
- Lembre-se: ontem é história, amanhã é mistério e hoje é uma dádiva. Por isso é que se chama "presente".
- Reflita sobre esses conselhos. Leia e releia cada um deles e, aos poucos, adote-os como filosofia de vida. Viva com equilíbrio.

Não se baseie apenas em sua experiência passada

Contam que certa vez duas moscas caíram num copo de leite. A primeira era forte e valente. Assim, logo ao cair, nadou até a borda do copo. Mas como a superfície era muito lisa e suas asas estavam bastante molhadas, não conseguiu sair do copo. Acreditando que não havia jeito, a mosca desanimou, parou de nadar e de se debater, e afundou.

A outra mosca, apesar de não ser tão forte como a primeira, era persistente. Continuou se debatendo, se debatendo, e se debateu por tanto tempo que, aos poucos, com toda aquela agitação, parte do leite ao seu redor se transformou em um pequeno nódulo de manteiga, onde a mosca tenaz conseguiu subir com muito esforço e dali alçar voo para um lugar seguro.

Tempos depois, essa mesma mosca, por descuido ou acidente, caiu novamente em outro copo. Como já havia aprendido com a experiência anterior, começou a se debater, na esperança de que, no devido tempo, se salvaria. Outra mosca, passando por ali e vendo a aflição da companheira, pousou na beirada do copo e gritou:

– Tem um canudo ali! Nade até lá e suba por ele!

A mosca persistente não lhe deu ouvidos, preferindo acreditar no que tinha aprendido em sua experiência anterior de sucesso. Continuou a se debater e a se debater até que, exausta, afundou no copo cheio de água e morreu.

Quantos de nós, baseados em experiências anteriores, não deixamos de notar as mudanças de ambiente e ficamos nos esforçando para alcançar os resultados esperados até que afundamos em nossa própria falta de visão? Fazemos isso quando não conseguimos ouvir quem está fora da situação.

Resolva os
problemas de vez

Um dia, um comerciante encontrou três homens que se lamentavam por mal terem o que dar de comer à família deles. Passavam necessidades e os filhos não estavam bem alimentados.

Sensibilizado, o comerciante quis ajudar os três homens e disse que daria a eles um saco com farinha, outro com pães e outro com sementes de trigo. O homem mais afoito foi logo pegando o saco com pães e correu para casa. O outro escolheu o saco com farinha e agradeceu, saindo apressado. O terceiro ficou radiante com o que lhe sobrou e disse:

– Estou feliz, pois sou o único dos três que não precisará mais voltar aqui.

Ou seja, foi o único que resolveu de vez sua situação e a dos filhos.

Quando falamos em comprometimento com a qualidade, com a melhoria contínua, falamos de algo duradouro, falamos de comprometimento. Comprometer-se é não pensar só no momento, mas levar aquilo a que se propôs até o fim. É como jogar sementes para depois colher.

É preciso educar as pessoas para uma nova forma de trabalhar. A adoção de novos hábitos de trabalho é um processo lento e gradual, que deve levar em conta a realidade da empresa. Vai exigir muita repetição e reforço positivo até que se alcance a mudança desejada.

O MELHOR MOMENTO PARA SER FELIZ

Um sujeito estava caindo num barranco e se agarrou às raízes de uma árvore. No alto do barranco havia um urso imenso querendo devorá-lo. O urso rosnava, babava e mostrava os dentes. Embaixo, prontas para engoli-lo quando caísse, estavam nada menos que seis onças. As onças embaixo, o urso em cima... Sentindo-se perdido, o homem olhou para o lado e viu um morango vermelho, lindo. Num esforço extremo, sustentou-se apenas com a mão direita e, com a esquerda, pegou o morango. Então levou-o à boca e deliciou-se com o sabor doce e suculento da fruta. Foi um prazer supremo comer aquele morango.

Aí você pergunta: "Mas e o urso?". Ora, dane-se o urso e coma o morango! "E as onças?" Esqueça as onças e coma o morango! Sempre existirão ursos querendo nos devorar a cabeça e onças prontas para arrancar nossos pés. Ainda assim, precisamos saber sempre comer os morangos. Você pode dizer: "Mas eu tenho tantos problemas para resolver...!". Os problemas, no entanto, não impedem ninguém de ser feliz, nem na empresa nem na vida pessoal. Coma o morango. Pode não haver outra oportunidade como essa. Saboreie os bons momentos. Não os deixe para depois. O melhor momento para ser mais produtivo e mais feliz é agora.

Quando desejar uma coisa, concentre-se apenas nela

Certa vez, um arqueiro experiente convidou seu aluno para assistir a uma demonstração. Ao chegarem diante de uma árvore, o arqueiro pegou uma flor e a colocou em um dos galhos da árvore. Em seguida pegou o arco e flecha e posicionou-se a uma distância de cem passos da árvore. Amarrou uma venda nos olhos e perguntou ao aluno:

– Quantas vezes você já me viu praticar este esporte?

– Todos os dias – respondeu o discípulo. – E sempre o vi acertar na rosa a uma distância de trezentos passos.

De olhos vendados, o arqueiro esticou o arco e disparou. A flecha sequer atingiu a árvore, passando longe do alvo, a uma distância constrangedora.

– O senhor errou! – espantou-se o discípulo. – Achei que queria me mostrar o poder de sua experiência!

Ao que o arqueiro respondeu:

– Eu lhe dei aqui a lição mais importante sobre o poder do pensamento! Quando desejar uma coisa, concentre-se apenas nela: ninguém jamais será capaz de atingir um alvo que não consegue ver.

Por mais experiente que um gerente seja, se ele não estabelecer um objetivo claro e visível, estará fadado a sair atirando no escuro, gastando tempo e energia, e com certeza não se mostrará eficaz em suas ações.

ACEITE O BRILHO
DOS OUTROS

Uma cobra começou a perseguir um vaga-lume que só vivia para brilhar. Ele fugia rápido, com medo da cobra, que nem pensava em desistir. O vaga-lume fugiu um dia, fugiu dois, e nada, a cobra não se cansava de persegui-lo. No terceiro dia, já sem forças, o vaga-lume parou e disse à cobra:

— Posso fazer três perguntas a você?
— Pode — respondeu a cobra.
— Por acaso faço parte da sua cadeia alimentar?
— Não.
— Já lhe fiz alguma coisa?
— Não.
— Então, por que você quer tanto me comer?
— Porque não suporto ver você brilhar — foi a resposta da cobra.

Pense nisso e selecione em quem confiar. Existem pessoas positivas e negativas. As que querem ajudar e são conscientes de suas capacidades colaboram e torcem para que os colegas sejam reconhecidos e promovidos, desde que demonstrem brilho e capacidade. Mas nem todos são assim. Infelizmente, esse é um fato e devemos estar atentos, pois há pessoas que só pensam em destruir o que foi construído com esforço e dedicação. Não querem ver os outros brilharem, pois a inveja faz parte da sua natureza.

É COM O EXEMPLO QUE SE PROMOVEM MUDANÇAS

Às vezes noto que as pessoas, principalmente em cargos de liderança, sentem-se impotentes para promover mudanças na empresa e não sabem por onde começar. Eu não vejo outra saída senão o exemplo. Dar o exemplo para que ele se multiplique.

Na África, na década de 1980, um inglês que lutava pela união das tribos ensinou seus membros a falar a mesma língua. Lutou contra soldados e contra o racismo. Com sabedoria e coragem, conduziu uma multidão com um único objetivo: tornar melhor o futuro de todos. Certa vez, um habitante lhe perguntou como ele faria para ensinar milhares de pessoas se numa sala só poderia reunir meia dúzia. Como os outros alcançariam suas mensagens e ensinamentos? Ao que o inglês respondeu:

– Uma cachoeira nasce de uma simples gota d'água e veja o resultado. Quem luta somente pelo seu sucesso, achando que nunca precisará dos outros, nasce gota e morre gota. Mas quem se une a muitos pensando no sucesso de todos cresce, se torna cachoeira, junta-se aos que sabem, aos que fazem as pessoas crescer.

É dando o exemplo e ensinando aos mais próximos que o gerente promoverá mudanças de comportamento dentro da empresa.

Aceite ajuda, não se afogue nos problemas

Um homem recebeu um dia um aviso de Deus, dizendo que haveria uma enchente, mas que ele ficasse tranquilo, pois sua vida seria poupada e ele não correria perigo. Meses depois, começou de fato a chover forte e o homem logo se lembrou da mensagem de Deus, confiante, porém, de que nada lhe aconteceria.

A chuva continuou intensa por vários dias, até que veio a enchente. Os moradores começaram a abandonar suas casas e chamaram o homem para ir com eles. Mas ele se negou a ir, alegando que Deus iria salvá-lo. As águas continuaram subindo, e um grupo de pessoas foi até ele em um barco pedindo que entrasse na embarcação. Mas ele novamente se recusou a ir, dizendo que Deus o salvaria. As águas continuaram a subir. Veio então um helicóptero para resgatá-lo, porém mais uma vez o homem negou-se a ser salvo. Não passou muito tempo, ele acabou morrendo afogado.

Ao chegar ao céu, indignado, foi tirar satisfação com Deus. Reclamou:

– Por que o Senhor me deixou morrer, se havia prometido me salvar?

E Deus respondeu:

– Mas bem que eu tentei salvá-lo! Por três vezes seguidas lhe mandei auxílio, e você recusou todos eles...

Se levarmos essa história para a vida real, podemos refletir: quantas vezes não deixamos de perceber as ajudas que nos são oferecidas e terminamos nos afogando solitariamente em nossos próprios problemas?

Não deixe a empresa
ao sabor da sorte

Conta a história que um rei mandou fazer um anel com uma pedra preciosa. Depois ordenou aos soldados que colocassem o anel no alto de um enorme poste de madeira e convocou a população:

– Quem conseguir atirar uma flecha que passe pelo centro do anel, o receberá de presente com mais cem moedas de ouro.

Quatrocentas pessoas ofereceram-se para atirar suas flechas. Todas o fizeram. E todas erraram. Perto dali, um jovem brincava com seu arco, quando uma das flechas atiradas por ele foi desviada pelo vento, aproximou-se do poste e atravessou o centro do anel. O rei premiou o rapaz com a joia e as moedas de ouro. Assim que saiu do palácio, a primeira coisa que o jovem fez foi queimar seu arco e suas flechas.

– Por que está fazendo isso? – perguntou um passante.

– Um homem deve entender que às vezes a sorte lhe bate à porta, mas jamais deve deixar que ela o engane e termine convencendo-o de que ele tem talento.

Essa história nos faz pensar nas tantas vezes que acertamos o alvo apenas por sorte ou coincidência. Não deixe os rumos de sua empresa serem traçados pela sorte. Introduza controles nos processos para gerar resultados previsíveis.

Estimule a troca
de ideias entre funcionários

Um intelectual foi encontrar um mestre religioso e ambos passaram a noite inteira conversando sobre religião. Assim que o sol começou a mostrar os primeiros raios, o intelectual observou:

– Ah, que noite abençoada foi essa! Ficamos aqui sentados discutindo coisas tão importantes... Muito melhor que passar uma noite sozinho com meus livros.

E o mestre comentou:

– Pois achei a noite horrível. Foi uma perda total de tempo.

– Mas por quê?! – perguntou o intelectual, surpreso.

– Durante todo o tempo, você tentou dizer algo que me agradasse e eu tentei lhe dar respostas que o deixassem contente. Em vez de encararmos nossas diferenças e compreendermos que só assim poderemos evoluir, tentamos o tempo todo agradar um ao outro. Teria sido melhor se tivéssemos passado a noite rezando; pelo menos teríamos agradado à pessoa certa, que é Deus.

Essa história nos ensina que diferenças de pensamento são construtivas e devem ser enfrentadas. Se na empresa ficarmos apenas concordando com tudo e tentando agradar um ao outro, a empresa pouco se desenvolverá e estará fadada ao fracasso. Estimule a discussão e a troca de ideias entre seus funcionários. Você perceberá rapidamente melhorias sendo introduzidas e gerando melhores resultados para o seu negócio.

Pare de reclamar e
valorize o que possui

Certa vez, um homem encontrou um rapaz muito triste sentado à beira da estrada. Com pena dele, perguntou:
– Por que tanta tristeza, meu jovem?
– Ah, senhor, não existe nada interessante na minha vida. Tenho dinheiro suficiente para não precisar trabalhar e estava viajando para ver se descobria alguma coisa curiosa no mundo. Entretanto, todas as pessoas que encontrei nada têm de novo para me dizer e só conseguem aumentar o meu tédio.

Na mesma hora, o homem agarrou a mala do rapaz e saiu correndo pela estrada. Quando se distanciou o bastante, colocou de novo a mala no meio da estrada por onde o rapaz iria passar e escondeu-se atrás de uma árvore. Depois de meia hora o rapaz apareceu, sentindo-se mais miserável que nunca, por causa do ladrão que encontrara. Assim que viu a mala, correu até ela. Ao perceber que seu conteúdo estava intacto, olhou para o céu e, cheio de alegria, agradeceu a Deus por tanta felicidade. Atrás da árvore, observando a cena, o homem refletiu: "Certas pessoas só sentem o sabor da felicidade quando a perdem".

Nas empresas, vejo sempre pessoas habituadas a reclamar, reclamar, sem nunca demonstrar estar satisfeitas. Essas pessoas, infelizmente, não sabem valorizar o que têm, como o seu emprego, o salário recebido em dia e a oportunidade de crescimento profissional. O mais certo é parar de reclamar e valorizar o que se possui.

Aprenda a ouvir o coração das pessoas

Um rei queria preparar o filho para ser um grande administrador e o mandou passar um ano na floresta para aprender os sons da natureza. Quando o príncipe retornou, descreveu os sons que tinha ouvido: o canto dos pássaros, o balançar das folhas e o barulho do vento. O pai disse então que ele voltasse e ouvisse tudo o mais que fosse possível. O príncipe retornou à floresta e se pôs a ouvir e a ouvir. Certa manhã, começou a escutar sons vagos, diferentes de tudo que ouvira até então. Quando voltou para casa, disse ao pai:

— Quando prestei mais atenção, pude ouvir o inaudível, como o som das flores se abrindo e o som do sol aquecendo a terra.

Ouvir o inaudível é ter a disciplina necessária para se tornar um grande administrador. Apenas quando aprende a ouvir o coração das pessoas, os sentimentos mudos, os medos e as queixas não confessadas é que um gerente pode inspirar confiança em seus comandados, entender o que está errado e atender às reais necessidades dos liderados. Uma empresa não se desenvolve se os líderes ouvem apenas as palavras pronunciadas pela boca, sem mergulhar fundo na alma para ouvir seus reais sentimentos, desejos e opiniões.

Tenha sempre uma atitude de vencedor

Problemas sempre existirão, seja na empresa, seja em nossa vida pessoal. Mas para certas pessoas, as dificuldades se transformam em barreiras que podem levar ao fracasso. Há uma história que diz que certa vez três leões de uma floresta se reuniram para decidir qual deles seria o rei dos reis. Resolveram que o leão que chegasse primeiro ao topo de uma montanha seria o rei. O desafio foi aceito. O primeiro tentou. Não conseguiu, foi derrotado. O segundo tentou. Não conseguiu, foi derrotado. O terceiro tentou e também não conseguiu.

Os animais ficaram então sem saber o que fazer, pois os três tinham sido derrotados. Nesse momento, uma águia sábia apareceu e falou que tinha escutado o que cada um deles disse para a montanha. A águia contou que o primeiro leão havia dito "Montanha, você me venceu!", que o segundo leão também tinha dito a mesma coisa, mas que o terceiro leão dissera: "Montanha, você me venceu, mas só por enquanto! Você é montanha, já atingiu seu tamanho final, enquanto eu ainda estou crescendo".

– A diferença – completou a águia – é que o terceiro leão teve uma atitude de vencedor diante da derrota, e aquele que age assim se mostra maior que seu problema. Está, portanto, preparado para ser um líder.

A Montanha das Dificuldades tem tamanho fixo, limitado, mas você não! Você ainda não atingiu o limite de seu potencial. Pense nisso ao lidar com problemas na empresa ou na vida pessoal.

Sinta orgulho
de seu trabalho

O trabalho que cada pessoa executa é uma das fontes de motivação da empresa. Por isso, por mais simples que seja uma tarefa, devemos nos orgulhar dela. Quando Abraham Lincoln foi eleito presidente dos Estados Unidos, a classe alta americana se chocou. Como poderia um proletário assumir a liderança do país? Um senador fez um comentário irônico:

– Vamos ver se o filho de um sapateiro tem condições de dirigir nosso país...

Ao que Lincoln respondeu:

– Que bom o senhor ter se lembrado de meu pai. Eu gostaria de ser um presidente tão bom quanto meu pai foi um bom sapateiro. Aliás, estou vendo que o senhor está usando um par de sapatos fabricado por ele. Aprendi a consertar sapatos com meu pai; se algum dia os seus apresentarem algum problema, me procure que eu os consertarei.

Não importa o que esteja fazendo, sempre tenha orgulho disso e crie algo especial, porque é nos detalhes que você deixa a sua marca. E a qualidade só é percebida quando nos diferenciamos pelos pequenos detalhes. O reconhecimento de um trabalho bem-feito aumenta a motivação. E é disto que as empresas mais precisam: de pessoas motivadas.

As pessoas têm valores diferentes dos seus

Um dia um homem muito rico levou o filho pequeno para o interior com o firme propósito de mostrar a ele o quanto as pessoas podem ser pobres. O pai queria que o filho aprendesse a valorizar os bens materiais que possuía, seu status e prestígio social. Desde cedo pretendia transmitir esses valores a seu herdeiro.

Pai e filho passaram um dia e uma noite numa pequena casa de taipa de um trabalhador da fazenda de seu primo. Quando retornaram da viagem, o pai perguntou ao filho:

– Então, o que achou do passeio?

– Muito bom, pai!

– Percebeu a diferença entre viver na riqueza e viver na pobreza? Me diga, o que você aprendeu?

E o filho respondeu:

– Eu vi que nós temos um cachorro em casa, e eles têm quatro; que nós temos uma piscina até grande, mas eles têm um riacho que não acaba nunca. Nós temos uma varanda coberta e iluminada com lâmpadas, e eles têm as estrelas e a lua que nós nem vemos. Nosso quintal vai até o portão de entrada, e eles têm uma floresta inteirinha só para eles.

Quando o garoto acabou de responder, o pai estava perplexo.

O filho acrescentou:

– Obrigado, pai, por me mostrar como nós somos pobres!

Tudo que você tem depende da maneira como você olha para as coisas. Depende da forma como as pessoas pensam. Você criará um ambiente de trabalho muito melhor se compreender e aceitar que as pessoas podem cultivar valores diferentes dos seus.

A inveja só traz infelicidade

Um quebrador de pedras estava muito insatisfeito consigo mesmo e com sua posição na vida. Um dia, passando em frente à casa de um rico comerciante, pensou com inveja: "Como esse homem deve ser rico e poderoso…". Para sua surpresa, tempos depois, ele mesmo se transformou num homem rico e poderoso, embora fosse invejado e detestado por todos aqueles menos poderosos e ricos do que ele. Um dia, olhou para o sol e pensou: "Como o sol é poderoso! Gostaria de ser o sol!". Então ele se tornou o sol, lançando seus raios sobre a terra, sobre tudo e todos. Depois, começou a invejar o vento: "Como o vento é poderoso!", pensou. "Gostaria de ser o vento!" Então ele se tornou um furacão, soprando as telhas dos telhados das casas. Em determinado momento, porém, encontrou algo que não foi capaz de mover nem um milímetro, não importava quanto ele soprasse e lançasse rajadas de ar. Ele viu que o objeto era uma grande e alta rocha. "Como a rocha é poderosa!", pensou. "Gostaria de ser uma rocha!" Então ele se tornou uma rocha, mais poderosa do que qualquer outra coisa na terra, eterna e irremovível. Mas enquanto ele estava lá, orgulhoso de sua força, ouviu o som de um martelo que batia sobre uma superfície dura, e percebeu que estava sendo despedaçado. "O que poderia ser mais poderoso do que uma rocha?!", indagou, surpreso. Então, ao olhar para baixo, viu a figura de um humilde quebrador de pedras.

Uma das causas mais frequentes da infelicidade no trabalho é a inveja, o inconformismo de não ser o que os outros são na estrutura da empresa. Lembre-se: cada um tem seu próprio tamanho, o que não significa ser mais ou menos importante.

Coisas que
ROUBAM NOSSA ENERGIA

Conta a lenda que um homem caminhava pela estrada levando uma pedra em uma das mãos e um tijolo na outra. Nas costas, carregava um saco de terra. No caminho, encontrou uma pessoa que lhe perguntou:

– Você parece tão cansado! Por que está carregando essa pedra pesada na mão?

– Estranho – respondeu o viajante –, mas eu nunca tinha reparado que a estava carregando.

Então, jogou fora a pedra e se sentiu muito melhor. Em seguida, passou outra pessoa e lhe perguntou:

– Diga-me, viajante, por que está carregando esse saco de areia nas costas?

– Nossa, eu nem tinha percebido que estava carregando esse peso...

Um por um, os passantes foram avisando o homem sobre suas cargas desnecessárias, e ele foi abandonando uma a uma. Por fim, tornou-se um homem livre, leve, e caminhou com muito mais facilidade.

Qual era, na verdade, o problema dele? A pedra e o saco de areia? Não, seu problema estava na falta de consciência da existência deles. Uma vez que viu que eram cargas desnecessárias, livrou-se de tudo bem depressa e já não se sentiu mais tão cansado.

Esse é o problema de muitas pessoas que carregam cargas sem perceber. Não é de estranhar que estejam tão cansadas! E o que são algumas dessas cargas que pesam na mente de um homem e que lhe roubam a energia? São coisas como cultivar pensamentos negativos, culpar e acusar outras pessoas ou acreditar que não existe saída. Todo mundo tem um tipo de carga especial que lhe rouba energia. Quanto mais cedo começarmos a nos livrar dela, mais cedo nos sentiremos melhor e mais leve caminharemos.

Dê chance para os funcionários se desenvolverem

Um homem, certo dia, viu surgir uma pequena abertura num casulo. Sentou-se perto de onde o casulo se apoiava e ficou observando o que iria acontecer, como a lagarta conseguiria sair por um orifício tão estreito. Mas logo lhe pareceu que ela havia parado de avançar, como se já tivesse feito todo o esforço possível e agora não conseguisse mais prosseguir. O homem resolveu então ajudá-la: pegou uma tesoura e rompeu o restante do casulo. A borboleta pôde, afinal, sair com facilidade, mas... seu corpo estava murcho e, além disso, era pequena e tinha as asas amassadas.

O homem continuou a observá-la, porque esperava que, a qualquer momento, as asas dela se abrissem e se estendessem para poder suportar o corpo que iria se firmar a tempo. No entanto, nada aconteceu. A borboleta passou o resto da vida rastejando com um corpo murcho e asas encolhidas. Nunca foi capaz de voar.

Muitos gerentes agem como esse homem da fábula. Centralizam todas as decisões, acreditando que só assim as coisas andarão de forma rápida e correta. Agindo desse modo, um gerente não dá chance de os funcionários se desenvolverem. Forma uma equipe de pessoas inseguras e sem iniciativa. Além de prejudicar os funcionários, essa é uma péssima situação para a empresa e para o próprio gerente. Ele se torna um escravo da organização e, se um dia se desliga dela, a empresa perde totalmente as rédeas das operações.

Pense nisso e veja se não está sendo um diretor ou um gerente demasiadamente centralizador. Acredite nas pessoas de sua equipe. Dê a elas a chance de decidir e de errar. Só assim poderão alçar voos mais altos, que envolvam responsabilidade e desenvolvimento profissional.

Sua paz interior depende exclusivamente de você

Conta a lenda que um velho sábio, tido como um mestre da paciência, era capaz de derrotar qualquer adversário. Certa tarde, um homem conhecido por sua total falta de escrúpulos apareceu com a intenção de desafiar o mestre da paciência. O velho aceitou o desafio e o homem começou a insultá-lo. Chegou a jogar algumas pedras em sua direção, cuspiu no sábio e gritou-lhe todos os tipos de insultos. Durante horas, fez de tudo para provocá-lo, mas o velho permaneceu impassível.

No final da tarde, já exausto e humilhado, o homem se deu por vencido e retirou-se. Impressionados, os alunos quiseram saber como o mestre pudera suportar tanta indignidade. O mestre perguntou:

– Se alguém vem até você com um presente e você não o aceita, a quem pertence o presente?

– A quem tentou entregá-lo – respondeu um dos discípulos.

– Exatamente. O mesmo vale para a inveja, a raiva e os insultos. Quando eles não são aceitos, continuam pertencendo a quem os trazia consigo. Sua paz interior depende exclusivamente de você. As pessoas não podem lhe tirar a calma. Só se você permitir...

As relações de trabalho muitas vezes se tornam tensas, e inevitavelmente os nervos ficam à flor da pele, fazendo com que as pessoas percam o controle. Em momentos assim, a paciência e a calma são de extrema importância para minimizar os efeitos das acusações.

CONSTRUA UM AMBIENTE HARMONIOSO COM TOLERÂNCIA E PERDÃO

Um empresário com grande poder de decisão gritou com um diretor de sua empresa porque naquele momento estava sentindo muita raiva. O diretor, chegando em casa e vendo um bom e farto almoço à mesa, gritou com sua mulher, acusando-a de gastar demais.

A mulher gritou com a empregada, que, assustada, quebrou um prato ao tropeçar no cachorrinho da casa.

A empregada chutou o cachorrinho que a havia feito tropeçar. O cachorrinho saiu correndo e mordeu uma senhora que ia passando pela rua, porque ela estava atrapalhando sua saída pelo portão.

Essa senhora foi à farmácia para tomar uma vacina e fazer um curativo, e gritou com o farmacêutico porque a vacina doeu ao lhe ser aplicada. O farmacêutico, chegando em casa, gritou com sua mãe porque o jantar não estava do seu agrado.

A mãe, tolerante, um manancial de amor e perdão, afagou os cabelos do filho e beijou-o na testa, dizendo:

– Filho querido, prometo que amanhã farei seu doce predileto. Você trabalha muito, está cansado e precisa de uma boa noite de sono. Vou trocar os lençóis de sua cama, pôr outros bem limpinhos e cheirosos para que você descanse em paz. Amanhã vai se sentir melhor.

E o abençoou, retirando-se e deixando o filho sozinho com seus pensamentos.

Naquele momento, o círculo do ódio se rompeu, porque ele esbarrou na TOLERÂNCIA, no PERDÃO e no AMOR.

Se você está em um círculo do ódio, ou se colocaram você ali, lembre-se de que com TOLERÂNCIA, PERDÃO e AMOR pode-se quebrá-lo.

AJUDE OS
OUTROS A VENCER

Há alguns anos, nas Olimpíadas Especiais de Seattle, nove participantes, todos com deficiência mental ou física, alinharam-se para a largada da corrida dos cem metros rasos. Ao sinal, todos partiram, não exatamente em disparada, mas com vontade de dar o melhor de si, terminar a corrida e, quem sabe, ganhar. Todos, com exceção de um garoto, que tropeçou no asfalto, caiu rolando e começou a chorar. Os outros oito competidores ouviram o choro, diminuíram o passo e olharam para trás. Então eles se viraram e voltaram. Todos. Uma das meninas, com síndrome de Down, se ajoelhou, deu um beijo no garoto caído e disse:

– Pronto, agora vai sarar.

E todos os nove competidores deram as mãos e andaram juntos até a linha de chegada.

O estádio inteiro ficou de pé e aplaudiu os atletas por muitos minutos. Os espectadores, que estavam ali naquele dia e presenciaram aquela cena incomum, continuam repetindo essa história até hoje.

E por quê? Porque no fundo nós sabemos que na vida o que importa não é ganhar sozinho, mas ajudar os outros a vencer, mesmo que isso signifique diminuir o passo e mudar o curso.

Eleve o
pensamento

Veja como um pensamento mesquinho prejudicou a carreira de um gerente em uma empresa.

Quatro gerentes, todos do mesmo nível, se mudaram para um novo prédio da empresa. Três das novas salas tinham o mesmo tamanho e decoração. A quarta sala era menor e com decoração mais simples. O gerente a quem essa sala foi destinada se sentiu atingido, ferido em seu amor-próprio. Pensamentos negativos e ressentimentos começaram a fazê-lo sentir-se desajustado. Como resultado, passou a hostilizar os colegas. As coisas pioraram tanto que, três meses depois, a direção não teve outra saída senão despedir o gerente.

Um pensamento mesquinho sobre uma questão tão insignificante acabou destruindo uma carreira promissora! O gerente deixou de observar que a companhia se expandia depressa e que o espaço para os escritórios era uma questão vital. Não parou para pensar que o diretor que designou as salas nem sabia qual era a menor delas! Ninguém na organização, a não ser ele próprio, encarou sua sala como um índice de seu valor. Pensar mesquinhamente sobre coisas insignificantes, como ver seu nome em último lugar nos memorandos ou receber a quarta via deles, pode ferir você. Pense com grandeza, e nenhuma dessas pequenas coisas será capaz de impedir seu progresso.

Uma forma de pensar diferente

Recentemente, li um texto muito interessante, que mostra o quanto podemos ser criativos e pensar de forma diferente. Uma pessoa com muita criatividade imaginou como seria viver de trás para a frente e escreveu:

Se a gente vivesse a vida de trás para a frente, é assim que a vida seria: a gente devia primeiro morrer, assim logo ficaria livre disso. Em seguida, viriam vinte anos num asilo. Ao atingir a maturidade, a gente seria desligado do asilo, ganharia um relógio de ouro e iria trabalhar. Depois de trabalhar por uns quarenta anos, até ficar jovem o suficiente, viria a aposentadoria.

Daí, a gente iria para a faculdade, experimentaria drogas, álcool, iria a festas, até nos prepararmos para o colegial. Depois do colegial, viria o primário, a gente viraria criança, poderia brincar, não ter responsabilidades. Daí, todo mundo seria bebê de novo, voltaria ao útero, passaria os últimos nove meses flutuando e terminaria como um brilho no olhar de alguém.

Qualidade é também pensar e, principalmente, fazer diferente!

Aldeões chineses

Certa vez, os campos de uma aldeia chinesa estavam sendo atacados por milhares de gafanhotos. Ao depararem com a perda de suas colheitas, os aldeões recorreram ao livro vermelho de Mao, em busca de orientação. Porém, nada do que o líder escrevera parecia servir, até encontrarem um pequeno conselho de grande profundidade, que dizia: "Na falta de uma diretriz, as pessoas devem projetar suas próprias soluções!".

Inspirados no conselho de Mao, os aldeões foram aos campos matar os gafanhotos à mão, um por um. Durante dezenas de dias, centenas de aldeões trabalharam intensamente até matar todos os gafanhotos.

Quando faltam as ferramentas necessárias para realizar um trabalho, muitas empresas resolvem seus problemas de qualidade adotando esforços de força bruta semelhantes aos empreendidos pelos aldeões chineses.

Quando deparar com problemas em sua empresa, não aja como os camponeses desta história; utilize as técnicas e as ferramentas apropriadas para a análise e solução definitiva dos problemas.

Como um programa de Qualidade Total muda o comportamento das pessoas

Certa vez, um funcionário escreveu a seguinte carta para o diretor da empresa:

"Sr. Paulo, tenho acompanhado com interesse a implantação do novo sistema de qualidade, porém noto que ninguém faz nada para pôr em prática o que se fala nas reuniões. Aqui dentro existem pessoas (inclusive eu) que, por ciúme bobo, ou mesmo por incapacidade, não podem ver ninguém tentando implantar algo novo que logo torcem para que dê errado e vibram quando isso acontece. Nesse período, tenho observado muitas coisas, principalmente as pessoas. Tem muita gente com boas intenções aqui, porém tem pessoas que sentem prazer quando veem o erro dos outros e que saem tentando crucificar a pessoa que errou. Eu acho bonito e corajoso alguém tentar implantar algo novo, mesmo que no começo hajam falhas e erros, mas é preciso tentar. E é apoiando e ajudando aqueles que tentam que nós chegaremos a uma qualidade, se não total, pelo menos muito melhor! Eu vou mudar e fazer a qualidade acontecer no meu setor."

Achei muito interessante essa carta. Revelações espontâneas como essa deixam claro que, por mais que o empresário se empenhe em fazer o melhor, sempre haverá pessoas que torcerão contra. Mostra também, claramente, como um programa de Qualidade Total pode mudar o comportamento das pessoas.

As soluções para os problemas estão ao nosso alcance

Quando nos defrontamos com um problema, temos dois caminhos a seguir: resolver a questão ou desistir. A história do corvo que estava morrendo de sede é um bom exemplo disso.

Um corvo estava morrendo de sede quando avistou de repente um jarro de água. Aliviado e muito alegre, voou rapidamente para o jarro. Mas o nível da água estava tão baixo que, por mais que o corvo se curvasse, não havia meio de alcançá-la. O corvo tentou, então, virar o jarro, na esperança de pelo menos beber um pouco da água derramada. Mas o jarro era pesado demais para ele. Por fim, correndo os olhos em volta, viu pedrinhas ali por perto. Resolveu, então, pegar uma a uma com o bico e ir atirando-as dentro do jarro. Lentamente, a água foi subindo até a borda, até que, por fim, o corvo pôde matar a sede.

Moral da história: na maioria das vezes, as soluções para os problemas estão perto de nós e ao nosso alcance. Cabe a nós saber encontrá-las e utilizá-las a nosso favor.

Sorte: O encontro da competência com a oportunidade

Achei interessante uma pessoa dizer que sorte é quando competência e oportunidade se encontram. É preciso saber perceber a oportunidade. E esse poder de percepção pode ser aprendido: é saber enxergar numa situação aquele diferencial que escapa aos olhos de quem é preconceituoso e convive com paradigmas superados.

Certa vez, um homem ia com um companheiro pela estrada. Enquanto conversavam, a cada instante o homem se abaixava, descobrindo sob a poeira ora um anel, ora um colar de ouro ou de pedras preciosas. O amigo, atônito, perguntou ao homem:

– Mas que estranho dom miraculoso é esse que faz você ver coisas que eu não sou capaz de enxergar?

– Ora, não há nada de miraculoso – respondeu o homem. – Quando estive preso numa cela totalmente escura, para não enlouquecer, usei uma técnica: jogava cinco alfinetes a esmo no chão e não descansava enquanto não os encontrava. Com isso desenvolvi minha capacidade de percepção.

Essa história nos ensina que muitas vezes o que chamamos de sorte, boa estrela e intuição são apenas fruto do desenvolvimento de uma percepção acurada e de muita disposição e persistência para realizar.

Quanto vale o conhecimento? E a compreensão?

Um sábio disse certa vez que um grama de conhecimento vale pelo menos um quilo de informação, e um grama de compreensão vale pelo menos um quilo de conhecimento. Entretanto, o tempo gasto pela maioria dos gerentes adquirindo e transmitindo informações, conhecimentos e compreensão é inversamente proporcional a seus valores. Muitas explicações nada mais são do que as mesmas coisas ditas com palavras diferentes.

Uma empresa fabricante de doces apresentou um estudo mostrando que o consumo *per capita* de açúcar na Inglaterra era maior do que nos Estados Unidos. Um consultor perguntou a um fabricante de açúcar o motivo de tal diferença e recebeu como resposta:

– É que os britânicos gostam mais de açúcar do que os americanos.

O consultor quis ir mais fundo no motivo e questionou:

– Mas como você sabe que os britânicos gostam mais de açúcar do que os americanos?

– Ora, porque eles comem mais açúcar que os americanos, não é? – concluiu o fabricante.

Um tipo de resposta como essa não acrescenta conhecimento. A pergunta mais importante que um gerente pode fazer para adquirir conhecimento é por quê? Pergunte "por quê?" no mínimo cinco vezes até encontrar a verdadeira causa da situação apresentada.

Aceite os defeitos dos outros e os outros aceitarão os seus

Em certo inverno, um grande bando de porcos-espinhos, numa tentativa de se proteger do frio e sobreviver, começou a se unir, juntando-se mais e mais. Assim, cada animal podia absorver um pouco do calor do corpo do outro, e todos juntos, bem unidos, agasalharam-se mutuamente, aqueceram-se e puderam enfrentar por mais tempo o inverno tenebroso.

Aos poucos, porém, os espinhos de cada porco-espinho começaram a ferir os companheiros mais próximos, justamente aqueles que forneciam calor vital – àquela altura, uma questão de vida ou morte. Então, precisaram se afastar, feridos, magoados, sofridos. Dispersaram-se por não suportar mais tempo a dor que lhes causavam os espinhos dos companheiros. Mas essa não foi a melhor solução. Afastados, separados, logo os porcos-espinhos começaram a morrer de frio.

Os que não morreram voltaram a se aproximar pouco a pouco, com jeitinho, cheios de precaução e de tal forma que, embora unidos, cada qual conservasse uma distância mínima segura do outro, mas suficiente para extrair calor e sobreviver sem magoar nem causar danos recíprocos. E assim, suportando-se, resistiram ao frio e sobreviveram.

Na empresa, o trabalho em equipe é fundamental. Por isso, é preciso saber lidar com as diferenças individuais. Todos temos nossos espinhos, porém mais vale a energia da equipe que esforços individuais de sobrevivência. O melhor grupo não é o que reúne membros perfeitos, mas aquele em que cada um aceita os defeitos do outro e consegue perdão pelos próprios defeitos.

Não se deixe levar pela arrogância

Dizem que em 1995 houve o seguinte diálogo entre um navio da Marinha Americana e as autoridades costeiras do Canadá. Os americanos começaram educadamente:

– Favor alterar seu curso 15 graus para o norte, para evitar colisão com nossa embarcação.

Os canadenses responderam de pronto:

– Recomendo mudar seu curso 15 graus para o sul.

O americano ficou mordido:

– Aqui é o capitão de um navio da Marinha Americana! Repito, mude seu curso.

Mas o canadense insistiu:

– Impossível. Mude seu curso atual.

O negócio começou a ficar feio. O capitão americano berrou ao microfone:

– Este é o porta-aviões *USS Lincoln*, o segundo maior da frota americana no Atlântico! Estamos acompanhados de três destróieres, três fragatas e numerosos navios de apoio. Eu exijo que vocês mudem imediatamente seu curso 15 graus para o norte, do contrário tomaremos contramedidas para garantir a segurança do navio.

E o canadense respondeu:

– Impossível, repito: aqui é um farol... Câmbio!

Às vezes nossa arrogância nos faz cegos... Quantas vezes não insistimos em criticar a atitude dos outros, quantas vezes não exigimos mudanças de comportamento nas pessoas que vivem perto de nós, quando na verdade nós é que deveríamos mudar nosso rumo?

A CATÁSTROFE ÀS VEZES ESTÁ APENAS NA SUA CABEÇA

Numa noite escura, um homem andava no meio de uma floresta, quando de repente caiu. A única coisa que conseguiu fazer foi segurar-se em um galho. Quando olhou para baixo, só viu escuridão. Começaram, então, os pensamentos catastróficos: "Eu vou cair nesse abismo e vou morrer... Esse galho não vai aguentar por muito tempo e vou me machucar todo...".

À medida que o tempo passava, o galho ia se desprendendo, e cada vez mais o homem se desesperava, com medo de cair e morrer. A claridade foi chegando com a manhã, e só então ele percebeu que estava com os pés a apenas trinta centímetros do chão e que todo seu medo e sofrimento tinham sido infundados.

Quantas vezes na empresa ou em nossa vida pessoal não deparamos com situações semelhantes, que nos deixam angustiados sem motivo? Às vezes, o simples telefonema de um cliente já nos enche de angústia. O chefe nos chama, e já imaginamos que vamos ser demitidos. Antecipamos nossas angústias com perigos imaginários, que simplesmente não existem. São apenas suposições. Sentimos esses medos quando não estamos seguros do valor do nosso trabalho. Por isso é importante enxergar mais claramente o que você faz em seu trabalho e o quanto ele atende às expectativas de quem o contratou, seja um cliente, seja seu chefe.

Não permita que frustrações desnecessárias o levem a sentimentos de incapacidade. Procure corrigir-se rapidamente se perceber que o valor de seu trabalho está sendo questionado. Lembre-se: o caminho mais curto para atingir a autoconfiança será sempre a verdade.

Excesso de
ajuda prejudica

Certa vez, um mestre encarregou seu discípulo de cuidar do campo de arroz. No primeiro ano, o discípulo vigiava para que nunca faltasse a água necessária. O arroz cresceu forte e a colheita foi boa. No segundo ano, o rapaz teve a ideia de acrescentar um pouco de fertilizante à terra. O arroz cresceu rápido e a colheita foi maior. No terceiro ano, colocou ainda mais fertilizante. A colheita foi maior, mas o arroz nasceu pequeno e sem brilho. O discípulo ficou sem entender o que ocorrera e consultou seu mestre, que o advertiu:

– Se continuar aumentando a quantidade de adubo, não terá nada de valor no ano que vem.

Essa é uma verdade que vale tanto na empresa como na vida pessoal. Você fortalece alguém quando o ajuda um pouco, mas enfraquece a pessoa, e pode até estragá-la, se a ajuda muito. Você tem de encontrar o equilíbrio entre ajudar o funcionário apenas o suficiente para capacitá-lo a fazer a tarefa e depois exigir que ele a faça usando o próprio conhecimento e discernimento. Se você o auxiliar na medida exata, terá a seu lado um colaborador profissionalmente maduro e construtivo. Caberá a você, como gerente, dosar quanto esse apoio poderá ajudar ou prejudicar seus funcionários.

Conheça melhor seus funcionários

Um dia, um homem perguntou a um sábio:
— Se o senhor fosse convidado para governar o país, qual seria sua primeira providência?
— Aprender o nome dos meus assessores.
— Desculpe-me, mas não lhe parece uma bobagem? – disse o homem. – Será essa, afinal, a grande preocupação de um presidente?
Ao que o sábio respondeu:
— Um homem nunca pode receber ajuda de quem não conhece. Se ele não entender a natureza, nunca entenderá Deus. Da mesma maneira, se não sabe quem está do seu lado, não terá amigos. Sem amigos, não pode estabelecer um plano. Sem um plano, não consegue dirigir ninguém. Sem direção, o país mergulha no escuro, e nem os dançarinos sabem decidir com que pé devem dar o próximo passo.
Pois é, uma providência aparentemente banal, como saber o nome dos que estão a seu lado, pode fazer uma diferença gigantesca. O mal do nosso tempo é que todo mundo quer consertar tudo sozinho, e de uma só vez, sem se lembrar de que é preciso muita gente para fazer isso.

NOMES DIFERENTES
PARA JOVENS CONDENADOS

A mídia veiculou certa vez uma notícia interessante. Informava que jovens criminosos britânicos, após cumprir pena estabelecida pela Justiça, voltavam ao convívio social com nomes diferentes. A troca de identidade era providenciada para que não houvesse discriminação por parte da população e para que os jovens não fossem condenados outra vez pelo preconceito. Enfim, recebiam uma nova chance de acertar o passo e crescer. Parece justo, pois o ser humano tem um senso de julgamento um tanto estreito e dificilmente oferece oportunidade para quem já teve o nome anotado nos registros policiais. Com uma nova identidade, esses jovens tinham a chance de voltar ao convívio social, encontrar emprego e ter uma vida digna.

Fazendo um paralelo com essa medida adotada pelas autoridades britânicas, os gerentes das empresas, no caso, os juízes competentes para absolver ou demitir, deveriam se mostrar mais tolerantes com o desempenho dos subordinados, dando a eles mais chances de acertar o passo na empresa. Por exemplo: transferir o funcionário para outro setor ou incumbi-lo de tarefas mais apropriadas às suas habilidades. Medidas como essas podem servir de estímulo para renovar a motivação e a confiança do funcionário. O gerente tem a responsabilidade de contratar pessoas competentes, mas também tem a responsabilidade de saber lidar com as diferenças e as limitações de seus empregados, ajudando e contribuindo na formação da identidade profissional de cada um.

Aproveite o lado bom das pessoas

Um gerente conversava com um jovem funcionário que reclamava muito dos colegas e por isso não tinha amigos na empresa. O funcionário dizia:

— Não suporto o Francisco, ele é convencido e orgulhoso.

— Mas ele é alegre e participativo — lembrou o gerente.

— E a Márcia, então? Parece que tem o rei na barriga. Está certo que ela ajuda os colegas, mas é uma chata. O Sebastião vive se exibindo só porque conhece mais as rotinas da empresa.

— Lembre-se de que ele é um curinga e que já quebrou muito galho aqui.

Vendo que o funcionário só enxergava mesmo o lado negativo das pessoas, o gerente pediu ao rapaz que o acompanhasse. Pegou um pouco de açúcar na cozinha e foram até o pátio, onde recolheu um pouco da areia do chão. Misturou o açúcar com a areia e colocou perto de um formigueiro. Depois de alguns minutos, uma formiga descobriu o açúcar e avisou as demais. Em pouco tempo, fizeram uma fileira, e o funcionário, surpreso, percebeu que as formigas carregavam apenas os grãos de açúcar, desprezando a areia.

— Todas as pessoas são como esse montinho de areia misturado com açúcar — disse o gerente. — Sejamos sábios como as formigas. Vamos aproveitar o lado bom das pessoas aqui da empresa.

Usando a cooperação e a criatividade de uma equipe

Certa vez, um grupo de amigos se reuniu para uma caminhada de vinte quilômetros na mata. Começaram a jornada logo ao amanhecer. No meio da manhã, o grupo deparou com um trecho abandonado de uma estrada de ferro. Era preciso andar pelos trilhos estreitos, mas todos, após alguns passos inseguros, acabavam perdendo o equilíbrio e caindo. Depois de observar um após outro cair, dois deles garantiram aos demais que poderiam andar o trecho inteiro sem cair uma vez sequer.

Os amigos riram e disseram:

– Impossível, vocês não vão conseguir!

Desafiados a cumprir a promessa, os dois subiram nos trilhos, cada um em um dos trilhos paralelos, estenderam o braço um para o outro, deram-se as mãos para se equilibrar e, assim unidos, andaram com toda a estabilidade pelo trecho inteiro, sem dificuldades.

Essa pequena história mostra que trabalho em equipe começa dando as mãos. Mostra o quanto a criatividade e o senso de cooperação contribuem para solucionar os problemas que enfrentamos, seja na empresa, seja em nossa vida pessoal.

A IMPORTÂNCIA
DE METAS CLARAS

Havia um atleta experiente que praticava salto com vara. Em cada série de dez saltos, ele conseguia ultrapassar o sarrafo no mínimo oito vezes. Um dia, ele aceitou um convite para fazer uma série de dez saltos, porém com uma pequena diferença: no alto das traves não haveria nenhum sarrafo a ser ultrapassado. Depois de realizar os saltos, ele afirmou que aquela experiência não havia alterado em nada sua técnica de salto nem seu desempenho. Mas o que ele não sabia era que pesquisadores haviam instalado um sensor eletrônico na altura de onde ficavam os sarrafos. O resultado mostrado pelo sensor foi que na série de dez saltos a barra eletrônica só fora ultrapassada quatro vezes, ou seja, um índice bem abaixo do desempenho normal do atleta.

Isso mostra como o estabelecimento de metas é fundamental para o ser humano. Por mais que o esportista tivesse se esforçado para executar os saltos como normalmente fazia, o simples fato de não visualizar a meta a ser ultrapassada comprometeu seu desempenho. Quando as pessoas não têm metas claras a serem alcançadas, não podemos esperar que atinjam bons resultados. Um bom gerente, um bom líder, estabelece metas a serem seguidas e as divulga entre seu pessoal, para que toda a equipe possa "dar o salto para ultrapassar o sarrafo".

Não deixe que fatores externos atrapalhem o seu ideal

Para melhorar a qualidade, não é suficiente apenas ter um sonho, um ideal; é preciso persistência para concretizá-lo.

Certa vez, em uma escola, um professor pediu aos alunos que retratassem seus sonhos em uma redação. O aluno mais humilde da sala escreveu na redação que queria um rancho, para ter muitos cavalos e muito dinheiro para sua família. Quando recebeu a nota, o menino ficou chocado: tinha tirado "Insuficiente"! Ele procurou o professor e perguntou:

— Por que o senhor me deu "Insuficiente"?

O professor respondeu:

— O que você escreveu não é uma coisa real, possível. Você é muito pobre para ter tudo isso... Refaça a redação que eu mudo a nota.

O garoto foi para casa desolado. Pensou durante o dia todo, mas nada mais lhe ocorria para desejar. Foi até o pai e perguntou:

— Pai, o que eu faço?

O pai respondeu:

— Tome sua própria decisão!

O garoto pegou uma folha de papel e reescreveu a mesma redação, sem nenhuma mudança, e a entregou ao professor, dizendo:

— O senhor mantém sua opinião, mantém minha nota e eu manterei meu sonho!

Estabeleça um objetivo desafiador e, como o garoto da história, não deixe que fatores externos impeçam a realização do seu ideal.

Coisas que "sempre foram feitas assim"

Uma lenda zen conta a história de um mestre que sempre mandava amarrar seu gato porque ele perturbava a meditação dos discípulos. O tempo passou, o mestre morreu e o gato também morreu. Mas então providenciaram outro gato. Cem anos depois, alguém escreveu um tratado, respeitadíssimo, sobre a importância de ter um gato amarrado durante a meditação.

Quando conheci essa história, me lembrei das empresas que permanecem amarradas a uma burocracia burra, com procedimentos administrativos e de controle que não fazem mais nenhum sentido nos tempos atuais. Você pergunta a razão de agirem daquela maneira e a resposta é: "Sempre foi feito assim". Há também aqueles que defendem uma prática burra, alegando que no passado aconteceu algo que justificou a implantação de tal procedimento burocrático. Com o uso maciço do computador, da internet, da tecnologia da informação, muita coisa tem de ser repensada na empresa. Mais do que repensados, certos procedimentos devem ser abandonados.

Não gerencie impondo ameaças e provocando medo

Havia uma cidade onde todos eram felizes. Os habitantes se entendiam muito bem, menos o prefeito, que vivia triste por não ter o que governar. A prisão estava vazia, o tribunal nunca era usado e o cartório não dava lucro, porque a palavra valia mais que o papel.

Um dia o prefeito convidou a população da cidade para assistir à inauguração de uma coisa que ele havia mandado construir na praça central. Com solenidade, os tapumes foram retirados e bem ali, diante de todos, surgiu... uma forca! As pessoas começaram a se perguntar o que aquela forca estaria fazendo ali. Com medo, passaram a procurar a Justiça para questões que antes sempre tinham sido resolvidas de comum acordo. Passaram a recorrer ao tabelião para registrar documentos que antes eram substituídos pela palavra. E, com medo da lei, voltaram a escutar o prefeito. Diz a lenda que a forca nunca foi usada. Mas bastou sua presença para mudar tudo.

Assim também é na empresa quando a diretoria adota um estilo de liderança centralizador e onde estão presentes a ameaça e o medo. Proliferam a submissão, a desconfiança e a burocracia.

Deixe a
empresa mais leve

Em algumas culturas, os habitantes reservam um dia do ano – ou todo um final de semana, se necessário – para entrar em contato com os objetos de sua casa. Tocam em cada coisa e se perguntam em voz alta: "Preciso realmente disto?". Pegam livros na estante: "Vou reler este livro algum dia?". Olham as recordações guardadas e se questionam: "Ainda considero importante o momento que este objeto me faz lembrar?". Abrem todos os armários e perguntam a si mesmos: "Há quanto tempo tenho isto e ainda não usei? Será mesmo que um dia vou precisar desta roupa?". Sabemos que os objetos materiais têm energia própria. Quando não utilizados, são como água parada dentro de casa: um bom lugar para mosquitos e podridão.

Um dos maiores benefícios de um programa de Qualidade Total é a prática da ordem e da limpeza no ambiente de trabalho, possibilitando que a energia flua mais livremente em toda a organização. Lembre-se: se você mantém o que é velho, o novo não encontra espaço para se manifestar em sua empresa.

Trate o outro como gostaria de ser tratado

O atendimento ao cliente tem de ser sincero, genuíno. Devemos ter muito cuidado com campanhas para melhorar o atendimento. Um supermercado fez a seguinte promoção: se, quando passasse pelo caixa, o cliente não recebesse do funcionário um cumprimento e um agradecimento ao final da compra, não precisaria pagar por ela. Certo dia, um cliente passou as mercadorias pelo caixa, mas não recebeu nem o cumprimento nem o agradecimento do funcionário. O cliente, então, disse que não iria pagar as compras, como garantia a promoção. E o caixa explicou:

– Ah, meu senhor, a promoção foi só até ontem…

Esse fato mostra como campanhas podem ser superficiais e não ter nenhum efeito duradouro. Pior, os clientes sentem o tratamento artificial e percebem a falsidade na relação.

Atendimento ao cliente é uma questão de atitude, de prazer em servir; é uma questão de empatia, de o funcionário saber se colocar no lugar do outro e tratá-lo como gostaria de ser tratado. O bom atendimento é um conceito que precisa ser incorporado, e não imposto ou mecanizado.

Às vezes é preciso medidas mais drásticas

Sempre falo que melhoria da qualidade é uma questão de liderança, determinação e disciplina. Através de reuniões com os funcionários, um empresário tentou de todos os modos fazer com que eles seguissem algumas regras básicas da empresa, como cumprimento de horário, uso de uniforme, controle de faltas e muitas outras questões que, se não forem observadas com um mínimo de disciplina, prejudicam bastante a produtividade de uma empresa. Porém de nada adiantou.

O empresário, então, resolveu colocar todos os regulamentos em um documento e o registrou em cartório. Chamou cada funcionário a sua sala, leu o regulamento para ele e perguntou se concordava em trabalhar na empresa dentro das regras estabelecidas. Todos concordaram, assinaram os termos do regulamento, e, com essa medida simples, o empresário conseguiu implantar em sua organização uma nova cultura de disciplina.

Exercer a liderança por meio da conscientização e do discurso é importante, mas às vezes é preciso medidas mais práticas. Preparar um regulamento interno da empresa e registrá-lo em cartório foi uma excelente ideia.

Informe-se mais e evite conclusões precipitadas

Era uma vez uma jovem à espera de seu voo na sala de embarque de um grande aeroporto. Como ainda teria de esperar muitas horas pelo voo, resolveu comprar um livro para passar o tempo. Comprou também um pacote de biscoitos. Sentou-se numa poltrona da sala VIP do aeroporto, para descansar e ler em paz. Ao seu lado sentou-se um homem.

Quando ela pegou o primeiro biscoito, o homem também pegou um. Ela se sentiu indignada, porém não disse nada. Apenas pensou: "Mas que cara de pau! Se eu estivesse mais disposta, criaria uma encrenca que esse sujeito jamais esqueceria!". A cada biscoito que ela pegava, o homem também pegava um. Aquilo a estava deixando tão irritada que não conseguia nem reagir. Quando restou apenas um biscoito no pacote, ela pensou: "Quero só ver o que esse abusado vai fazer agora…". Então o homem pegou o último biscoito, dividiu-o ao meio e deixou a outra metade para ela. Ah, mas aquilo já era demais! A jovem estava bufando de raiva por fora e por dentro, mas como não queria fazer nenhuma cena, pegou seu livro, suas coisas e se dirigiu, furiosa, ao portão de embarque.

Quando se sentou confortavelmente em sua poltrona, já no interior do avião, olhou dentro da bolsa para pegar uma bala, e, para sua surpresa, viu que seu pacote de biscoitos ainda estava lá… Intacto, fechadinho! Ela sentiu tanta vergonha! Só então percebeu que a errada tinha sido ela, sempre tão distraída. Ela havia se esquecido de que seus biscoitos estavam guardados na bolsa, e o homem, vendo que ela pegava os dele, havia dividido os biscoitos dele com ela sem se sentir indignado, nervoso ou revoltado. E já não havia mais tempo para se explicar, nem para pedir desculpas.

Antes de tirar conclusões, observe melhor. Talvez as coisas não sejam exatamente como você pensa. Converse mais!

Você é quem tem a capacidade de mudar

Um homem estava caminhando ao pôr do sol em uma praia deserta mexicana. À medida que caminhava, começou a avistar outro homem a distância. Ao se aproximar do nativo, notou que ele se inclinava, apanhava algo e atirava na água. Repetidamente, continuava jogando coisas no mar.

Ao se aproximar ainda mais, nosso amigo notou que o homem estava apanhando estrelas-do-mar que haviam sido lançadas na praia e, uma de cada vez, as devolvia para a água.

Nosso amigo ficou intrigado. Aproximou-se do homem e disse:

– Boa tarde, amigo. Estava tentando adivinhar o que você está fazendo.

– Estou devolvendo estas estrelas-do-mar ao oceano – explicou o nativo. – Você sabe, a maré está baixa e todas as estrelas-do-mar foram trazidas para a praia. Se eu não as lançar de volta ao mar, elas morrerão por falta de oxigênio.

– Entendo – disse o homem. – Mas deve haver milhares de estrelas-do-mar nesta praia. Provavelmente você não será capaz de apanhar todas elas. São muitas. Você percebe que talvez isso esteja acontecendo em centenas de praias acima e abaixo desta costa? Vê que não fará diferença alguma?

O nativo sorriu, curvou-se, apanhou outra estrela-do-mar e, ao arremessá-la de volta à água, replicou:

– Fez diferença para aquela.

Todos nós somos dotados da capacidade de operar mudanças. Se cada um agir com o objetivo de mudar, com certeza a empresa se transformará e elevará seu patamar de qualidade.

Nosso rosto reflete nossas intenções

Certa vez, um rei e um grupo de cavaleiros viajavam pelo reino, a cavalo, em busca de caça. Depois de algum tempo cavalgando, chegaram às margens de um rio que havia transbordado devido a uma forte tempestade. Uma velha ponte de madeira tombara com a violência das águas revoltas e fora arrastada rio abaixo. Com isso, cada cavaleiro se viu forçado a atravessar o rio a cavalo, lutando contra a forte correnteza. Com espírito de bravura, cada um sentia o perigo e a possibilidade real de morte durante a travessia.

Um viajante, que não fazia parte do grupo, ficou a observar a coragem daqueles cavaleiros. Depois de vários terem chegado à outra margem, o viajante perguntou se o rei poderia transportá-lo para o outro lado do rio. O rei concordou sem hesitar. O homem subiu no cavalo do rei e logo depois ambos chegaram em segurança ao outro lado. Quando o viajante desceu da sela, um dos cavaleiros perguntou a ele:

– Diga-me, por que escolheu o rei para pedir esse favor?

O homem ficou surpreso e admitiu não saber que fora o rei quem o ajudara.

– Tudo que sei – disse ele – é que no rosto de alguns de vocês estava escrita a palavra "não", e no de outros, a palavra "sim". O rosto dele dizia "sim".

Nosso rosto expressa nossas emoções. Algumas áreas da empresa, principalmente as que lidam com clientes, precisam ter pessoas "sim" trabalhando nelas. Pessoas que tenham dentro de si a vontade de servir.

Descubra a verdadeira
natureza das pessoas

Uma vez, andando pela floresta, um homem encontrou um filhote de águia. Levou-o para casa e o colocou no galinheiro. Algum tempo depois, um naturalista tentou convencer o fazendeiro de que a ave tinha coração de águia e que certamente deveria voar. E o fazendeiro retrucou:

– Depois que lhe dei comida de galinha e a eduquei para ser uma galinha, ela nunca aprendeu a voar. Se se comporta como uma galinha é porque não é mais uma águia.

Depois de muito discutirem, o naturalista pegou a águia nos braços e disse:

– Você pertence aos céus, e não à terra. Bata bem as asas e voe...

Confusa, sem consciência da sua identidade, a águia correu para junto das galinhas.

Depois de tentar várias vezes, o naturalista um dia levantou-a na direção do sol. A águia começou a tremer, lentamente abriu as asas e, com um crocitar de triunfo, alçou voo. Pode ser que a águia ainda se lembre das galinhas com saudade, pode ser que ainda, ocasionalmente, visite um galinheiro, mas, até onde foi possível saber, ela nunca mais voltou a viver como uma galinha. Nunca tinha deixado de ser uma águia, embora tivesse sido mantida como uma galinha.

Procure na empresa as águias que se acomodaram à rotina e que se acostumaram a viver como galinhas. Liberte-as! Resgate o coração de águia que há dentro delas e você conhecerá uma empresa muito mais ágil e criativa.

Se cada um fizer a sua parte, os problemas se resolverão mais depressa

Uma floresta, onde viviam animais de espécies variadas, certo dia se incendiou, e seus habitantes ficaram desesperados, sem saber o que fazer.

O leão urrava, o macaco corria de um lado para o outro, o coelho, com sua agilidade, sumiu no meio do mato, e outros animais se reuniram para discutir qual seria o destino de todos. Enquanto a reunião se realizava, os animais observaram que um passarinho voava até um riacho, pegava água em seu biquinho, molhava as asas e ia até o local onde estava o fogo. Viram essa operação se repetir inúmeras vezes. Então, o elefante, um dos participantes daquela reunião, resolveu matar a curiosidade de todos e interpelou o passarinho:

– Passarinho, o que está fazendo? Venha se unir a nós... Estamos aqui discutindo como será possível acabar com todo esse fogo que assola a nossa floresta.

O passarinho respondeu:

– Não posso... Estou tentando apagar esse incêndio que tanto mal está nos fazendo.

– Mas, passarinho – disse o elefante –, você por acaso pensa que sozinho poderá acabar com esse fogo?

E o passarinho respondeu:

– Se cada um de vocês fizesse a sua parte e viesse me ajudar, o fogo poderia acabar mais rapidamente.

O trabalho coletivo é capaz de transpor obstáculos e alcançar realizações que seriam impossíveis de ser conseguidas por uma só pessoa.

O PESSIMISTA SEMPRE TRAZ COM ELE A INFELICIDADE

Era uma vez um comerciante amador que prosperava vendendo lanches rápidos em uma rua sossegada perto de uma estrada de grande movimento. Seus salgadinhos passaram a ser tão disputados que as instalações, com o tempo, se tornaram pequenas para atender à demanda crescente. Então, ele começou a investir em novas dependências, mais amplas, modernas, e mais próximas da estrada, além de instalar letreiros e avisos luminosos em pontos estratégicos. Seu filho, pós-graduado em economia e administração de empresas numa universidade americana, um dia foi visitá-lo. Quando viu o pai eufórico e cheio de planos, ficou apavorado:

– Pai, você não sabe que estamos prestes a atravessar uma crise, um período duramente recessivo? Enquanto todos estão se retraindo, você aí, esbanjando dinheiro? Isso é loucura!

O pai ficou assustado e terrivelmente deprimido. Cancelou a ampliação das instalações, passou a trabalhar com matéria-prima mais barata e suprimiu alguns ingredientes dos produtos, para reduzir custos. Logo surgiram reclamações, até então inexistentes, e começou a haver uma gradual perda de clientes, que migraram, naturalmente, para o concorrente mais próximo. O negócio foi indo por água abaixo, até que fechou. E o comerciante pensou: "Meu filho tinha razão com relação à crise! Não foi à toa que ele se fez doutor numa das melhores escolas...".

Veja como o pessimista é desastroso e sempre traz com ele a infelicidade. Claro que momentos difíceis sempre existirão numa empresa. Mas devemos ser menos pessimistas e mais empreendedores, tentando transformar problemas em oportunidades.

AS TRÊS MAIORES INTERROGAÇÕES DA VIDA

Muitos e muitos anos atrás, um poderoso e rico monarca, em busca de caminhos para a sabedoria, saiu em viagem para encontrar resposta para as três maiores interrogações de sua vida:

- Qual o momento mais importante na vida de um homem?
- Qual a pessoa mais importante na vida de um homem?
- Qual a tarefa mais importante a ser feita?

Então, após anos de penosa busca e de mil e uma peripécias, nosso herói encontrou um velho sábio no topo de uma montanha, que lhe respondeu:

– O mais importante é sempre o momento presente.
– A pessoa? A mais importante é a que está à nossa frente.
– Quanto à tarefa, a mais importante é fazer essa pessoa feliz!

Associando a lenda com o mundo dos negócios, podemos dizer:

- O momento presente é qualquer momento em que o cliente entra em contato com a empresa.
- A pessoa que está à nossa frente é um cliente (interno ou externo).
- Fazer a pessoa feliz é satisfazer plenamente os clientes.

ÀS VEZES AS EMPRESAS TOMAM MEDIDAS IMPENSADAS PARA REDUZIR CUSTOS

Era uma vez um rei que recebeu um falcão maravilhoso de presente. Fascinado com o animal, levava-o para toda parte e o ostentava com galhardia. O falcão era servido por dez criados e reverenciado por toda a corte, mas, apesar das excessivas mordomias, a ave decidiu renunciar a tudo em favor da liberdade e um dia alçou voo para bem longe.

Sofregamente, conquistou o espaço, mas logo se sentiu exausto. Sobrevoando uma pequena cidade, procurou um canto para descansar. Desceu no quintal de uma simpática velhinha, que cultivava um pombal. Não teve problema em negociar com os pombos sua permanência ali, mas quando a boa velhinha descobriu o falcão, exclamou:

– Coitadinho, o que fizeram de você?! Que garras contorcidas, que bico torto, que asas enormes!

Com a tesoura, pôs-se a consertá-lo: aparou suas garras, diminuiu-lhe o bico, cortou suas asas.

– Agora, sim, você está parecendo uma pomba – disse com orgulho.

No intuito de reduzir custos, as empresas às vezes adotam medidas impensadas, alterando e reestruturando departamentos e setores para que trabalhem "mais leves". Isso é perigoso e precisa ser feito com bastante consciência e depois de muito analisar as consequências. Caso contrário, pode-se estar transformando falcões em caricaturas de pombas.

Sobre a inveja
e a traição

Um dia, um avarento e um invejoso procuraram o deus Júpiter para pedir-lhe que realizasse seus desejos. Júpiter, querendo dar uma lição nos dois, concordou, com a condição de que o que um pedisse seria dado ao outro em dobro.

O avarento, que desejava uma sala cheia de ouro, ao obtê-la, ficou amargurado de ver que seu companheiro havia ganho o ouro redobrado. O invejoso, ao ver o que tinha acontecido, desejou então que um de seus olhos fosse varado, para que o avarento ficasse cego dos dois.

A inveja existe na empresa. Devemos ser tolerantes e encará-la como algo normal, pois o sentimento de inveja já nasce conosco. O que precisamos combater é o excesso. Este, sim, é prejudicial ao grupo e à empresa.

Dê sentido ao trabalho das pessoas

Três pedreiros preparavam tijolos em uma construção. Um homem que passava aproximou-se do primeiro e perguntou:
– O que está fazendo, meu amigo?
– Tijolos... – respondeu secamente.
Dirigindo-se ao segundo pedreiro, o homem perguntou-lhe a mesma coisa.
– Trabalhando pelo meu salário... – foi a resposta.
Para o terceiro pedreiro, o passante fez ainda a mesma pergunta:
– O que está fazendo, meu amigo?
Fitando o estranho com alegria, o operário respondeu com entusiasmo:
– Construindo uma catedral!
As pessoas trabalham mais comprometidas, motivadas e felizes quando enxergam um ideal. Mais que executar uma tarefa e receber um salário, os funcionários precisam compreender que "catedral" estão construindo com seu trabalho.

Use com inteligência o pouco conhecimento que tem

Toda semana, um velho fazendeiro tomava um trem para ir à cidade depositar no banco o produto da colheita. Ele procedia assim havia muitos anos e no final da tarde retornava no mesmo trem. Na viagem de volta, também era rotineira a presença de um professor universitário, que aproveitava a viagem para ler um livro, corrigir uma prova ou preparar um teste para aplicar em aula. Com isso ele se distraía e não sentia o tempo passar.

Numa dessas viagens, o professor esqueceu sua pasta na escola e ficou sem ter com que se distrair. Resolveu então puxar conversa com o velho fazendeiro que ele sempre via no trem.

– Boa tarde – cumprimentou o professor. Depois de dizer seu nome, acrescentou: – Sou professor universitário, tenho cinco diplomas, falo seis idiomas e sou muito viajado, conheço todos os continentes. E o senhor, quem é?

Após também dizer seu nome, o velho acrescentou:

– Mas eu não completei nem o primário...

O professor, vendo que entre eles não seria possível uma longa conversa, sugeriu uma brincadeira para passar o tempo:

– Eu lhe faço uma pergunta e o senhor me faz uma pergunta. Quem errar paga um real para o outro.

– Ah, não acho justo – disse o velho. – Como eu tenho pouco conhecimento, se eu errar eu lhe pago um real. Mas se o senhor, que tem muito conhecimento, errar, aí o senhor me paga dez reais.

Assim acertaram, e o velho pediu para fazer a primeira pergunta:

– O que é, o que é que tem dez metros de comprimento, pesa dez quilos, tem capacidade para transportar dez pessoas e dá a volta ao mundo em dez dias?

O professor pensou, pensou, mas não teve jeito de achar a resposta.

– Não sei – admitiu.

– Então me pague os dez reais – disse o velho estendendo a mão.

O professor pagou e, percebendo a perspicácia do velho, disse:

– Sendo a minha vez de perguntar, eu devolvo a mesma pergunta ao senhor: o que é essa coisa que o senhor me perguntou?

– Eu também não sei – respondeu o velho e, estendendo a mão, disse ao professor: – Aqui está o seu real.

O que vale não é a quantidade de conhecimento que temos, mas o que somos capazes de fazer com o pouco de conhecimento que tivemos a oportunidade de receber.

Se quiser mudar seu setor, sua empresa, seu mundo, comece mudando seu pensamento

Era uma vez um menino chamado Ernesto que adorava contemplar um imenso rosto de pedra na encosta de uma montanha. A face tinha uma expressão de grande força, bondade e honradez que fazia vibrar o coração do garoto. Havia uma lenda que dizia que, no futuro, surgiria naquela região um homem com um rosto muito parecido com aquele rosto de pedra.

Durante toda a infância e mesmo depois de adulto, Ernesto nunca deixou de fitar aquela figura sem pensar no surgimento do homem que seria semelhante àquela imagem. Certo dia, quando o povo da localidade estava conversando a respeito da lenda, alguém de repente exclamou:

– Olhem! Vejam só! Ernesto é o homem que se parece com o grande rosto de pedra!

E era verdade, Ernesto se tornara a imagem que tanto ocupava seus pensamentos.

Se você quer mudar seu setor, sua empresa, seu mundo, comece por mudar seu pensamento!

Inventar é uma coisa, realizar é outra

Alguns ratos que viviam com medo de um gato resolveram fazer uma reunião para encontrar uma maneira de acabar de vez com aquele eterno transtorno. Muitos planos foram discutidos e abandonados. Por fim, um rato jovem levantou-se e deu a ideia de pendurar uma sineta no pescoço do gato; assim, sempre que se aproximasse, eles ouviriam o barulho e poderiam fugir correndo. Todo mundo bateu palmas, o problema estava resolvido. Ouvindo aquilo, um velho rato, que tinha ficado o tempo todo calado, levantou-se lá do seu canto. O rato falou que o plano de fato era muito inteligente, e que, com toda a certeza, as preocupações deles teriam chegado ao fim. Só tinham esquecido de acertar uma coisa: quem iria pendurar a sineta no pescoço do gato?

Inventar é uma coisa, realizar é outra! Muitos funcionários às vezes ficam frustrados quando suas ideias não são implantadas. É preciso compreender que nem sempre as condições da empresa permitem a implantação de algumas ideias, por mais inteligentes que elas sejam. O importante é continuar fornecendo ideias, pois no momento certo elas serão aproveitadas.

Quando a responsabilidade é dividida, ninguém responde por nada

Era uma vez quatro pessoas que tinham os seguintes nomes: todo mundo, alguém, qualquer um e ninguém. Havia um importante trabalho a ser feito e todo mundo acreditava que alguém é que iria executá-lo.

Qualquer um poderia fazê-lo, mas ninguém o fez. Alguém ficou aborrecido com isso, porque entendia que a execução do trabalho era responsabilidade de todo mundo. Todo mundo pensou que qualquer um poderia executá-lo, mas ninguém imaginou que todo mundo não o faria.

Todo mundo culpou alguém, quando ninguém fez o que qualquer um poderia ter feito!

Responsabilidade dividida, ou não bem definida, gera insatisfações e ineficiência no trabalho.

Sem iniciativa os problemas não se resolvem

Como consultor, frequentemente estou nas empresas conversando com funcionários. Percebo que as pessoas reclamam dos defeitos da empresa, mas não vejo nenhuma iniciativa da parte delas para mudar a situação. Só sabem criticar.

Certa vez, fazia muito calor na sala de aula de uma faculdade. O professor, no entanto, não tomava nenhuma iniciativa para ligar o ar-condicionado. Os alunos começaram a reclamar do calor. De repente, uma aluna disse em voz alta muito educadamente:

– Por favor, professor, o senhor poderia ligar o ar-condicionado?

Imediatamente o professor se levantou e ligou o aparelho. Os alunos mexeram com a colega chamando-a de a queridinha do professor. O professor olhou para a turma e falou:

– Não é nada disso. Ela apenas foi a única que me pediu. Todos vocês preferiram ficar parados, sem demonstrar nenhuma iniciativa para solucionar o problema.

Situações como essa se multiplicam no dia a dia das empresas. Pense nas coisas que realmente deseja e aja tentando a melhor forma de consegui-las. Você vai ver como sua atitude pode contribuir para eliminar muitas das limitações de sua empresa.

Todo obstáculo contém uma oportunidade

As empresas estão em permanente processo de mudança. A cada dia somos colocados diante de obstáculos e barreiras que devem ser removidos. Nesses casos, nossa atitude tem de ser positiva, para que possamos superá-los e crescer profissionalmente.

Há uma história que diz que certa vez um rei colocou uma pedra enorme no meio de uma estrada. Então, ele se escondeu e ficou observando para ver se alguém iria tirar a imensa rocha do caminho. Mercadores e homens muito ricos do reino passaram por ali e simplesmente deram a volta pela pedra. Alguns até esbravejaram contra o rei, reclamando que ele não mantinha as estradas em ordem, mas nenhum tentou sequer mover a pedra dali.

De repente, veio um camponês com uma boa carga de vegetais. Ao se aproximar da imensa rocha, pôs de lado sua carga e tentou removê-la dali. Após muita força e suor, conseguiu empurrar a pedra para a beira da estrada. Ao voltar para pegar sua carga de vegetais, notou que havia uma bolsa no local onde antes estava a pedra. A bolsa continha muitas moedas de ouro e uma nota escrita pelo rei, que dizia que o ouro estava destinado à pessoa que removesse a pedra do caminho. O camponês compreendeu, então, o que muitos de nós nunca entendemos: todo obstáculo contém uma oportunidade para melhorarmos nossa condição. Pense nisso ao deparar com obstáculos em sua empresa.

NÃO TRANSFIRA
PROBLEMAS PARA OS OUTROS

Um grupo de pessoas caminhava, cada uma carregando uma grande cruz nas costas, rumo a um lugar onde esperavam encontrar alegria e felicidade. Depois de algum tempo de caminhada, todos começaram a sentir o peso da cruz. No meio desse grupo havia uma pessoa que se julgava mais esperta que todas as outras. Ela percebeu que não havia ninguém liderando o grupo e que as pessoas a seu lado não estavam observando seus atos. Então, resolveu cortar um pedaço de sua cruz, para que a carga ficasse mais leve. Passado algum tempo, a cruz começou a pesar novamente. Como ela havia cortado um pedaço sem ninguém perceber e nada lhe havia acontecido, resolveu cortar outro pedaço. Assim, cada vez que sentia o peso da cruz, cortava mais um pedaço, até tê-la transformado numa cruzetinha.

Dias depois, todos chegaram à beira de um enorme precipício. Pular de um lado para o outro era impossível. Então alguém observou que o comprimento da cruz deles era exatamente do mesmo tamanho da fenda do precipício. Cada um fez sua ponte, e assim todos chegaram ao lugar dos seus sonhos. Mas a pessoa que havia resolvido diminuir o peso – e consequentemente o tamanho da cruz – ficou sem saber o que fazer com sua cruzetinha.

Em um grupo de trabalho é comum alguém agir como se fosse o mais esperto de todos. Cada um tem sua cruz, sua obrigação, e se hoje ela não for cumprida de maneira correta, lá na frente, amanhã, a cobrança virá.

Para realizar mudanças
é preciso acreditar e agir

Certa vez, um homem recebeu ajuda de um barqueiro para atravessar um rio. Ao entrar no barco, o homem notou que em um dos remos estava escrita a palavra agir e, no outro, a palavra acreditar. Curioso, o homem perguntou ao barqueiro a razão daqueles nomes. O barqueiro pegou o remo no qual estava escrito "acreditar" e remou com toda força. O barco começou a dar voltas, sem sair do lugar em que estava. Em seguida, pegou o remo em que estava escrita a palavra "agir" e remou com todo vigor. Novamente o barco girou, sem ir adiante. Por fim, o velho barqueiro segurou os dois remos e movimentou-os ao mesmo tempo: impulsionado de ambos os lados, o barco navegou através das águas do rio e calmamente alcançou a outra margem.

Então o barqueiro disse ao viajante:

– Este barco pode ser chamado de autoconfiança. E a margem é a meta que desejamos atingir. Para que o barco da autoconfiança navegue seguro e alcance a meta pretendida, é preciso que utilizemos os dois remos ao mesmo tempo e com a mesma intensidade: agir e acreditar.

Não desista diante das dificuldades

Você deve conhecer o bambu chinês. Essa planta tem uma característica interessante. Depois de plantada a semente, por quatro anos praticamente nada se vê de seu desenvolvimento, exceto o lento desabrochar de um diminuto broto a partir do bulbo. Durante quatro anos, o crescimento da planta se dá subterraneamente, numa maciça e fibrosa raiz, que se estende horizontalmente pela terra. Mas então, no quinto ano, o bambu chinês começa a crescer, até atingir 24 metros.

Muitas coisas na vida pessoal e profissional são iguais a esse bambu chinês. Principalmente as mudanças para a melhoria da qualidade na empresa. Você trabalha, investe tempo e esforço, faz tudo o que pode para nutrir seu crescimento, e às vezes nada se vê por semanas, meses ou mesmo anos. Mas se tiver paciência para continuar trabalhando e nutrindo, o "quinto ano" chegará, e o crescimento e a mudança que vão se processar o deixarão espantado.

O bambu chinês nos mostra que não podemos desistir facilmente das coisas. No trabalho, especialmente em projetos que envolvem mudanças de comportamento, cultura e sensibilização para novas ações, devemos nos lembrar do bambu chinês, para não desistirmos tão rapidamente diante das muitas dificuldades que costumam vir pela frente.

Às vezes precisamos de um empurrãozinho

Você sabe como um filhote de águia aprende a voar? A águia faz o ninho bem no alto de um pico rochoso. Abaixo, somente o abismo e, em volta, o ar para sustentar as asas dos filhotes. A águia mãe empurra os filhotes para a beira do ninho. Nesse momento, seu coração se acelera com emoções conflitantes, pois ao mesmo tempo que empurra, sente a resistência dos filhotes, que não querem ir em direção ao precipício. Para eles, a emoção de voar começa com o medo de cair. Faz parte da natureza da espécie.

Apesar da dor, a águia sabe que aquele é o momento. Sua missão deve se completar, mas ainda resta a tarefa final: o empurrão. A águia enche-se de coragem. Ela sabe que enquanto seus filhotes não descobrirem suas asas, não entenderão o propósito de suas vidas. Enquanto não aprenderem a voar, não compreenderão o privilégio que é nascer águia. Assim, o empurrão é o maior presente que ela pode oferecer a eles. É seu supremo ato de amor. Então, empurrando um a um, ela os precipita para o abismo. E eles voam! Livres após descobrirem suas asas.

Às vezes, na empresa ou em nossa vida pessoal, as circunstâncias fazem o papel de uma águia mãe. São elas que nos empurram para o abismo. E são elas, as próprias circunstâncias, que nos fazem descobrir que temos, afinal, asas para voar.

Proíba a proibição

Eu observo que nas empresas muitas pessoas deixam de agir por se sentirem incapazes de tomar decisões em determinadas situações que requerem ação. É comum pensarem: "Mas eu posso fazer isso?". É como se elas fossem educadas e treinadas para fazer só aquilo que alguém disse que elas são capazes.

Outro dia, li uma notícia a respeito de dois meninos que estavam patinando sobre um lago congelado. Era uma tarde nublada e fria, e as crianças brincavam sem preocupação. De repente, o gelo se quebrou e uma delas caiu na água. A outra criança, vendo que seu amiguinho se afogava debaixo do gelo, pegou uma pedra e começou a bater com toda força, conseguindo quebrar o gelo e salvar o amigo.

Quando os bombeiros chegaram e viram o que havia acontecido, perguntaram ao menino:

– Como você fez isso? É impossível que tenha conseguido quebrar o gelo com essa pedra e com suas mãos tão pequenas!

Nesse instante, um homem idoso se destacou entre as pessoas que assistiam à cena e disse:

– Eu sei como ele conseguiu.

Todos se voltaram e perguntaram ao homem:

– Como?

– É simples – respondeu o ancião. – Não havia ninguém aqui para dizer ao garoto que ele não podia fazer! Por isso ele pôde agir por conta própria, procedendo do modo certo.

Tome isso como lição e estimule as pessoas em sua empresa a agir. Retire a palavra "não" do repertório da empresa e institua o lema "É proibido proibir!".

Encontre algo
para elogiar

Numa cidade vivia um homem que todos diziam ser o protótipo da maldade. Ele morava sozinho, não tinha amigos, não permitia que ninguém passasse em sua calçada, detestava animais; quando a bola dos garotos caía em seu quintal, ele a furava, e por isso todo mundo dizia que quando morresse, não haveria quatro pessoas para carregar seu caixão.

Na mesma cidade vivia outro cidadão que tinha uma peculiaridade: gostava de acompanhar todos os enterros que ali ocorriam e no cemitério fazia questão de, antes de o caixão descer ao túmulo, enaltecer as qualidades do falecido. Um dia, nosso primeiro personagem, o homem ruim, morreu. E na cidade onde havia corrido o dito de que não haveria quatro homens para carregar seu caixão, o que aconteceu? Foi o enterro mais concorrido de que já haviam tido notícia, não pelo morto, mas por aquele nosso outro personagem, que costumava fazer discursos elogiosos aos falecidos. Todos queriam ouvir as qualidades que ele tinha para enaltecer o morto.

A população compareceu em peso ao cemitério e, na hora que o caixão desceu ao túmulo, todos os olhos se voltaram para o homem que elogiava. E ele disse:

– Coitado, ele assobiava tão bem...

Por pior que seja a pessoa, sempre há alguma coisa para se elogiar nela.

Não é preciso usar a força para liderar

Um viajante caminhava pela estrada quando deu com um pequeno rio que corria tímido por entre as pedras. Continuou andando e seguindo o curso do rio até notar que ele ia ganhando volume e se tornando maior. Bem mais adiante, o viajante viu o pequeno rio dividir-se em cachoeiras, num verdadeiro espetáculo de águas. O cenário atraiu o viajante e ele foi descendo pelas pedras, ladeando uma das cachoeiras. Descobriu, então, uma gruta, onde a natureza criara, com paciência, belíssimas formas. Ali, encontrou uma placa. Alguém estivera lá antes dele. Com a lanterna, iluminou as palavras inscritas. Eram versos do poeta e filósofo hindu Tagore, prêmio Nobel de literatura em 1913. Ele dizia: "Não foi o martelo que deixou perfeitas estas pedras, mas a água, com sua doçura, sua dança e sua canção. Onde a dureza só faz destruir, a suavidade consegue esculpir".

Assim também ocorre na empresa. Existem gerentes que explodem por qualquer coisa e que só sabem agir com gritos e estardalhaço. E há as pessoas suaves, que sabem dosar a energia e que, por isso, tudo conseguem. São criaturas que não falam muito, mas agem bastante. Quando se tem conhecimento e capacidade de liderar pessoas, a força é desnecessária.

Evite conclusões precipitadas

Havia numa aldeia um velho muito pobre que possuía um lindo cavalo branco. Numa manhã, ele descobriu que o cavalo não estava na cocheira. Os amigos disseram ao velho:

– Mas que desgraça, seu cavalo foi roubado!

E o velho respondeu:

– Calma, não cheguem a tanto. Simplesmente digam que o cavalo não está mais na cocheira. O resto é julgamento de vocês.

As pessoas riram do velho. Quinze dias depois, de repente, o cavalo voltou. Ele havia fugido para a floresta. E não apenas isso; ele trouxera uma dúzia de cavalos selvagens consigo. Novamente, as pessoas se reuniram e disseram:

– Velho, você tinha razão. Não era mesmo uma desgraça, e sim uma bênção.

E o velho disse:

– Vocês estão se precipitando de novo. Quem pode dizer se é uma bênção ou não? Apenas digam que o cavalo está de volta...

O velho tinha um único filho, que começou a treinar os cavalos selvagens. Apenas uma semana mais tarde, ele caiu de um dos cavalos e fraturou as pernas. As pessoas se reuniram e, mais uma vez, se puseram a julgar:

– E não é que você tinha razão, velho? Foi uma desgraça seu único filho perder o uso das pernas.

E o velho disse:

– Mas vocês são mesmo obcecados por julgamentos, hein? Não se adiantem tanto. Digam apenas que meu filho fraturou as pernas. Ninguém sabe ainda se isso é uma desgraça ou uma bênção...

Aconteceu que, depois de algumas semanas, o país entrou em guerra e todos os jovens da aldeia foram obrigados a se alistar, menos o filho do velho.

Quem é obcecado por julgar cai sempre na armadilha de basear seu julgamento em pequenos fragmentos de informação, o que o levará a conclusões precipitadas. Nunca encerre uma questão de forma definitiva, pois quando um caminho termina outro começa, quando uma porta se fecha outra se abre. Assim é o curso da vida.

Trabalhar em equipe
é respeitar diferenças

No trabalho, é comum o gerente fazer comparações entre funcionários e até mesmo exigir que eles ajam como ele agiria. Isso é um grave erro gerencial. Não podemos exigir ou forçar que as pessoas sejam parecidas conosco ou que tenham nossas qualidades.

Conta-se que uma vez vários bichos decidiram fundar uma escola. Para isso reuniram-se e começaram a escolher as disciplinas. O pássaro insistiu que houvesse aulas de voo. O esquilo achou que a subida perpendicular em árvores era fundamental. E o coelho queria de qualquer jeito que a corrida fosse incluída no currículo da escola. E assim foi feito, incluíram tudo, mas... cometeram um grande erro. Insistiram que todos os bichos cursassem todos os cursos oferecidos.

O coelho foi magnífico na corrida, ninguém corria como ele, mas também queriam ensiná-lo a voar. Colocaram-no em cima de uma árvore. Ele saltou lá de cima e não deu outra: quebrou as patas! O coelho não aprendeu a voar e ainda acabou sem poder correr também. O pássaro voava como nenhum outro, mas quando o obrigaram a cavar buracos como uma toupeira, quebrou o bico e as asas. Resultado: não conseguia mais nem voar tão bem, nem cavar buracos.

De forma figurada, isso mostra o que às vezes acontece nas empresas. Como gerentes, não podemos forçar que as pessoas sejam parecidas conosco ou que tenham nossas qualidades. Se agirmos assim, as faremos sofrer e, no fim de tudo, elas ainda poderão nem ser o que queríamos que fossem e, ainda pior, poderão nem mais fazer o que antes faziam bem-feito. Trabalhar em equipe e valorizar as pessoas é, antes de tudo, respeitar as diferenças.

A qualidade das pequenas tarefas leva à Qualidade Total

Alguns profissionais acham que o trabalho que fazem não tem muita importância. Às vezes negligenciam suas obrigações e acabam realizando tarefas malfeitas, sem perceber que consequências uma pequena falha pode gerar, por mais insignificante que seja.

Diz a lenda que o rei Ricardo III se preparava para a maior batalha de sua vida. Um exército liderado por Henrique, conde de Richmond, marchava contra o seu. A disputa determinaria o novo monarca da Inglaterra.

Na manhã da batalha, Ricardo mandou um soldado verificar se seu cavalo preferido estava pronto.

– Ferrem-no logo – disse o soldado ao ferreiro. – O rei quer seguir em sua montaria à frente dos soldados.

– Terás que esperar – respondeu o ferreiro. – Há dias venho ferrando todos os cavalos do exército real e agora preciso ir buscar mais ferraduras.

– Não posso esperar – gritou o soldado, impaciente. – Os inimigos do rei estão avançando neste exato momento e precisamos ir a seu encontro no campo. Faz o que puderes agora com o material de que dispões.

O ferreiro, então, voltou todos os esforços para aquela empreitada. A partir de uma barra de ferro, providenciou quatro ferraduras. Malhou-as o quanto pôde até dar-lhes formas adequadas. Começou a pregá-las nas patas do cavalo, mas depois de colocar as três primeiras, descobriu que não havia pregos para a quarta.

— Preciso de mais um ou dois pregos – disse o ferreiro –, e vai levar tempo para confeccioná-los.

— Eu já disse que não posso esperar – respondeu, impaciente, o soldado. – Já se ouvem as trombetas. Não podes usar o material que tens?

— Posso colocar a ferradura, mas não ficará tão firme quanto as outras.

— Ela cairá? – perguntou o soldado.

— Provavelmente não – disse o ferreiro –, mas não posso garantir.

— Então usa os pregos que tens! – gritou o soldado. – E anda logo, senão o rei Ricardo se zangará conosco.

Os exércitos se confrontaram e Ricardo participava ativamente, no coração da batalha. Tocava a montaria, cruzando o campo de um lado para o outro, instigando os homens e combatendo os inimigos.

— Avante! – bradava, incitando os soldados contra a linha de Henrique.

Lá longe, na retaguarda do campo, avistou alguns de seus homens batendo em retirada. Se os outros os vissem, também iriam fugir da batalha. Então, Ricardo meteu as esporas na montaria e partiu a galope na direção da linha desfeita, conclamando os soldados a voltar à luta.

Mal cobrira metade da distância, seu cavalo perdeu uma das ferraduras. O animal desequilibrou-se e caiu, e Ricardo foi jogado ao chão. Antes que o rei pudesse agarrar de novo as rédeas, o cavalo, assustado, levantou-se e saiu em disparada. Ricardo olhou em torno e viu seus homens dando meia-volta e fugindo, e os soldados de Henrique fechando o cerco ao redor. Brandiu a espada no ar e gritou:

— Um cavalo! Um cavalo! Meu reino por um cavalo!

Mas não havia nenhum por perto. Seu exército estava destroçado, e os soldados ocupavam-se em salvar a própria pele. Logo depois, as tropas de Henrique dominaram Ricardo, encerrando a batalha.

E, desde então, as pessoas dizem:

– Por falta de um prego, perdeu-se uma ferradura. Por falta de uma ferradura, perdeu-se um cavalo. Por falta de um cavalo, perdeu-se uma batalha. Por falta de uma batalha, perdeu-se um reino. E tudo isso por falta de um prego na ferradura!

O mesmo vale para a empresa: um pequeno erro no início de um processo pode causar um grande desastre. É com a qualidade das pequenas tarefas que se atinge a Qualidade Total.

O custo de prevenir erros é sempre menor que o de corrigi-los. O erro é mais oneroso quanto mais cedo ele aparece no processo e quanto mais tarde é detectado e corrigido.

Não se apoie
no passado

Existiu uma vez um povoado de criaturas que viviam no fundo de um rio de águas claras. Elas se alimentavam de algas e plantas. Com medo de um dia não terem o que comer, as criaturas começaram, com o tempo, a se agarrar com toda a força às pedras onde ainda encontravam algum alimento. Agarrar-se era seu meio de vida, e todas aprendiam a agir assim desde que nasciam. Enquanto isso, o rio passava, sereno, sobre todas essas criaturas.

Um dia, no entanto, uma das criaturas decidiu parar de se agarrar às pedras:

— Não aguento mais isso... Vou deixar a correnteza me levar e ver o que acontece.

As outras criaturas riram do companheiro e todas o chamaram de louco:

— Você morrerá!

Mesmo assim, aquele habitante das águas claras soltou-se e foi imediatamente lançado sobre as pedras, o que a princípio o deixou um pouco atordoado. Mas logo em seguida ele aprendeu a se desviar delas e, solto como estava, foi subindo em direção à superfície, onde encontrou as mais diversas espécies de plantas e algas, com as quais saciou sua fome.

Lá embaixo, as criaturas olharam na direção dele e, sem reconhecê-lo, disseram:

— Vejam! Uma criatura que voa!

E aquele que tinha se permitido ser levado pela correnteza disse às criaturas:

– O rio nos ergue para a liberdade quando ousamos nos soltar.

Porém, por mais que tentasse convencer as criaturas a se soltarem também, ele não conseguiu, e elas continuaram agarradas às pedras. Mas a partir daquele dia, algo havia mudado, e algumas criaturas das águas claras começaram também a sonhar com o dia em que conseguiriam se arriscar e deixar a água levá-las para passear.

Algumas pessoas permanecem acomodadas. Mesmo cientes de que há como melhorar, preferem se manter em sua situação a buscar alternativas que poderiam oferecer maiores chances de sucesso apenas por receio de mudar e se arriscar.

Use o ambiente
a seu favor

Para fazer do sucesso uma realidade, temos de transformar os problemas em oportunidades. Muitos gerentes agem como pessoas que não sabem nadar. Se você coloca uma pessoa num barco, a leva para o alto-mar e a joga na água, o que ela vai fazer? Com certeza tentará nadar para se salvar. Mas em pânico! Ela vai ficar lutando contra a água. Quanto mais ela lutar, porém, mais energias gastará, e acabará se afogando!

Agora, coloque um nadador profissional na mesma situação e ele agirá de maneira diferente. A primeira coisa que vai fazer é relaxar e descansar, boiando na água. Ele sabe que, para se manter a salvo, vai precisar contar com o meio ambiente e com as condições em que se encontra. Com certeza, procurará identificar na costa um ponto fixo de destino e começará a nadar em direção a esse ponto num ritmo razoável, mantendo sempre em mira seu objetivo.

Durante toda a trajetória, ele vai utilizar a água (seu meio ambiente) como recurso para obter seu resultado. E com certeza será bem-sucedido. Portanto, sempre que abandonarmos nossos objetivos, começaremos a nos afogar, porque teremos perdido nossa tranquilidade e criatividade para enxergar oportunidades em vez de problemas.

As coisas não acontecem conforme esperamos

Eficiência, eficácia, causas, efeitos, problemas, oportunidades são palavras comumente usadas nas empresas. É importante compreender o verdadeiro significado desses termos. Devemos tomar cuidado, pois, em muitos casos, utilizamos certas palavras acreditando que os outros também estão compreendendo o que elas significam e que vão agir de acordo com o nosso pensamento. O que ocorre, na maioria das vezes, é que as coisas não acontecem conforme esperamos.

Um executivo de uma empresa reuniu todo seu pessoal e determinou que a partir daquele momento a palavra "problema" estava abolida do vocabulário da empresa. Em seu entusiasmo, ele queria que as pessoas passassem a chamar os problemas de "oportunidades".

O que se ouviu depois foram alguns dos gerentes dizer:

– Eu estou enfrentando uma oportunidade difícil de resolver, estou mesmo enfrentando uma oportunidade intransponível.

Frases como essas deixam claro que um simples jogo de palavras não muda a atitude das pessoas. Para que isso ocorra, é preciso mais que apenas comunicar ou divulgar intenções. É preciso que as pessoas compreendam o verdadeiro significado das expressões adotadas na comunicação. Portanto, cuidado com o jogo de palavras. Vale a pena investir no processo de compreensão!

Confie

Era uma vez um homem perdido no deserto, prestes a morrer de sede. De repente, ele encontrou uma velha cabana abandonada, e com dificuldade se acomodou numa pequena sombra dela. Passados alguns minutos, viu uma velha bomba d'água, bem enferrujada, a poucos metros de distância. Ele se arrastou até lá, começou a bombear, mas nada aconteceu. Então o homem notou ao lado uma velha garrafa cheia d'água, com uma mensagem que dizia: "Você primeiro precisa preparar a bomba colocando nela toda a água desta garrafa. Por favor, encha novamente a garrafa antes de partir".

Ele se viu num dilema. Despejar a água na velha bomba ou beber a água e desprezar a mensagem? Com relutância, ele despejou toda a água da garrafa na bomba. Começou a bombear e de repente um fio de água apareceu, depois um pequeno fluxo, e finalmente uma água fresca e cristalina jorrou em abundância. Ele bebeu da água ansiosamente. Em seguida, voltou a encher a garrafa para o próximo viajante e acrescentou uma pequena nota na mensagem original: "Creia-me, funciona! Você precisa dar toda a água antes de poder obtê-la de volta em abundância".

Para alcançarmos o sucesso, temos de assumir riscos e também confiar em nossa intuição.

As pessoas são boas e honestas

Stew Leonard's é um pequeno supermercado que fica na cidade de Norwalk, nos Estados Unidos. Segundo o livro *Guinness*, de recordes, essa loja é a que mais vende por metro quadrado no mundo, mais que qualquer outro supermercado. Stew Leonard, o proprietário, dá a razão de seu sucesso:

— Se eu cultivar clientes felizes, eles vão voltar!

Ele conta que a lição mais importante para satisfazer os clientes aprendeu três semanas antes de um Natal, quando estavam vendendo gemadas. Uma cliente virou-se para ele e reclamou:

— A gemada está azeda!

— Azeda? Na minha loja nova, onde pus minha alma e meu coração? Não pode estar azeda! A senhora está errada! Já vendemos cem galões de gemada dessa remessa e só a senhora reclamou!

Ela olhou para ele e disse:

— Não me importa quanto tenha vendido! Quero meu dinheiro de volta!

A mulher estava tão furiosa que as veias do pescoço saltavam... Stew botou a mão no bolso e pegou o dinheiro; ela o arrancou da mão dele e saiu. Suas últimas palavras foram:

— Nunca mais volto aqui!

Ao jantar, naquela noite, o comerciante comentou com sua mulher:

— Você não acredita como as pessoas podem ser! Ela estava errada! Errada!

– Você está brincando? Você é que estava errado! Não percebe que a insultou? Praticamente a chamou de mentirosa. Espero que não vá administrar seu negócio como os outros gerentes de supermercado, que sempre acham que os clientes são mentirosos! Não acreditam em nós. Mas nós nos vingamos: nunca mais voltamos.

Stew começou a pensar a respeito e disse a si mesmo:

– É verdade. Noventa e nove por cento dos clientes são bons e honestos. É apenas aquela pequena fração de 1% de chatos que tenta deixá-lo louco. Mas se você dirigir seu negócio protegendo-se desse 1%, acaba penalizando os 99% de clientes bons e honestos.

Stew decidiu, então, que nunca nenhum cliente seu jamais estaria errado. Ele colocou na entrada da loja uma enorme rocha onde está gravada a política da loja para que todos possam ver:

Regra número 1: O cliente sempre tem razão!

Regra número 2: Se o cliente estiver errado, releia a regra número 1!

É essa filosofia que faz o cliente ficar encantado e achar que comprar no Stew Leonard's é uma experiência agradável e compensadora.

Negociação: O caso dos 35 camelos

O verdadeiro mérito de uma negociação ganha-ganha está no fato de que ambas as partes devem se sentir ganhadoras no fim da negociação. Em muitas ocasiões, o uso da criatividade é crucial para a resolução de aparentes impasses numa negociação. Esta história de origem árabe é uma interessante ilustração da sensação de ganho real na aparente perda e de como todas as partes sentiram-se satisfeitas.

Três homens gritavam possessos:

– Não pode ser!

– Isto é um roubo!

– Não aceito!

Acompanhado de um amigo, Beremis aproximou-se dos homens que gritavam para saber o que estava acontecendo. Ouviu do mais velho:

– Somos três irmãos e recebemos como herança esses 35 camelos. Segundo a vontade de meu pai, devo eu, o mais velho, receber a metade, o meu irmão Hamed uma terça parte e ao Harim, o mais moço, deve caber apenas a nona parte. Como fazer a partilha se a metade, a terça parte e a nona parte de 35 não são exatas?

– É muito simples – disse Beremis, o homem que calculava. – Encarrego-me de fazer essa divisão, se permitirem que eu junte aos 35 camelos da herança este belo animal que em boa hora aqui trazemos conosco!

Neste ponto o amigo de Beremis interveio:

– Não posso consentir nisso! Como poderíamos concluir a viagem, se ficássemos sem o nosso camelo?

— Não te preocupes com o resultado, ó bagdali — replicou em voz baixa Beremis ao amigo. — Sei muito bem o que estou fazendo. Cede-me o teu camelo e verás, no fim, a que conclusão quero chegar.

Sentindo-se seguro, o amigo entregou-lhe o camelo, que foi reunido aos 35, para serem repartidos pelos três herdeiros.

— Vou fazer a divisão justa dos camelos, que agora são 36.

E voltando-se para o mais velho dos irmãos, disse:

— Devias receber a metade, isto é, 17 e meio. Receberás a metade de 36, portanto, 18. Saíste lucrando com a divisão.

Dirigindo-se ao segundo irmão, continuou:

— Tu deverias receber um terço, isto é, 11 e pouco. Vais receber um terço de 36, isto é, 12. Não poderás protestar, saíste lucrando.

Ao mais moço disse:

— Deverias receber três e tanto, pela nona parte. Vais receber quatro, a nona parte de 36. Teu lucro também foi notável.

E concluiu:

— Pela vantajosa divisão, couberam 18 camelos ao primeiro, 12 ao segundo e quatro ao terceiro, num total de 34. Dos 36 camelos, sobram dois. Um pertence ao bagdali, meu amigo, e o outro toca por direito a mim, por ter resolvido o complicado problema.

O homem que calculava tomou posse de um dos mais belos camelos do grupo e disse, devolvendo ao amigo o animal que lhe pertencia:

— Poderás continuar a viagem no teu camelo manso e seguro! Tenho outro especialmente para mim!

E assim continuaram a jornada para Bagdá...

Vender exige técnica e imaginação

Boas palavras valem muito – e custam pouco. Mas raramente o poder da comunicação e o da persuasão são utilizados na arte de vender... Em certas ocasiões, usar a palavra com imaginação traz muito mais retorno do que qualquer procedimento técnico de venda aprendido em escolas ou treinamentos. Vender é uma arte, e ela exige técnica e criatividade.

Tenho tido a curiosidade de observar como é grande a falta de imaginação entre os vendedores. Na rotina do dia a dia, apegam-se à necessidade pura e simples de "vender" e se esquecem do que há de mais precioso e que não custa nada: usar a imaginação para seduzir e encantar os clientes! Selecionei três histórias interessantes, em que o uso da criatividade foi a razão do sucesso. Observe a simplicidade das ações e os resultados obtidos:

Uma mulher que vendia gardênias diante do Radio City Music Hall, em Nova York, exibia o seguinte cartaz: "Não estou faminta e não tenho filhos para alimentar. Vendo flores porque amo as flores e gosto de vendê-las. Se quiser comprar, custam 25 centavos cada uma, e eu lhe agradeço. Se não está interessado, isto é com você, e que Deus o guie em seu caminho".

A mulher esvaziou cinco cestas de flores em 15 minutos.

Um dono de restaurante cheio de ideias criativas, mas com pouco dinheiro para anunciar, comprou o maior aquário de peixinhos que pôde encontrar, encheu-o com água pura e colocou-o na vitrine de seu restaurante com um cartaz que dizia: "Este aquário está cheio de peixinhos paraguaios invisíveis".

Foram necessários dois policiais para manter a ordem em frente do restaurante, tamanha a quantidade de pessoas curiosas.

O proprietário de um hotel conseguiu aumentar substancialmente a frequência em seu estabelecimento atraindo casais em lua de mel. Sempre que esses casais chegavam ao hotel, o proprietário os convidava a celebrar a ocasião plantando uma pequena árvore no jardim. Depois, marcava o lugar em que a árvore cresceria com uma placa de prata gravada com o nome de cada um e a data de seu casamento.

Naturalmente, com tal interesse pessoal em jogo, ano após ano os casais não deixavam de voltar ao hotel para acompanhar o desenvolvimento de sua árvore e se certificar de que, assim como o amor deles, ela continuava viva.

Atitudes simples e criativas, mas que se tornaram casos de sucesso em vendas!

FIXE A ATENÇÃO
NAS COISAS BOAS

Um casal estava num restaurante fazendo um balanço do ano que havia passado. Durante o jantar, o homem começou a reclamar de algo que não tinha ocorrido como ele desejara. Refletindo, a mulher olhava fixamente para a árvore de Natal que enfeitava o restaurante. Como o homem achou que a esposa não estava interessada na conversa, mudou de assunto dizendo:

– Que bela iluminação a dessa árvore, hein?

– É verdade – disse a mulher. – Mas se você reparar bem, no meio dessas dezenas de lâmpadas há uma que está queimada. Ela me lembra você. Em vez de ver as dezenas de coisas boas que aconteceram no ano que passou, você está fixando seu olhar na única lâmpada que não iluminou nada.

Assim também acontece com muitos gerentes, quando avaliam o desempenho de seus funcionários: só enxergam e se fixam em um único ponto negativo da pessoa, esquecendo todas as virtudes e os trabalhos bem-feitos realizados por ela durante o ano.

Cuidado com o mais e o menos

Um palestrante entrou num auditório para proferir uma palestra e, com surpresa, deu com o auditório vazio. Só havia um homem sentado na primeira fila. Desconcertado, o palestrante perguntou ao homem se devia ou não dar a palestra só para ele. O homem respondeu:

– Sou um homem simples, não entendo dessas coisas. Mas se eu entrasse num galinheiro e encontrasse apenas uma galinha para alimentar, eu alimentaria essa única galinha.

O palestrante entendeu a mensagem e deu a palestra inteira conforme havia preparado. Quando terminou, perguntou ao homem:

– Então, gostou da palestra?

O homem respondeu:

– Como lhe disse, sou um homem simples, não entendo dessas coisas. Mas se eu entrasse no galinheiro e só tivesse uma única galinha, eu não daria o saco de milho inteiro para ela.

Essa fábula demonstra um pouco dos problemas que certas empresas enfrentam no atendimento aos clientes. Ou se dá muito pouco a eles, ou se dá em demasia. Em ambos os casos, não se leva em consideração as expectativas dos clientes.

O PAPEL
DO CONSULTOR

O trator de um fazendeiro estava enguiçado e o fazendeiro chamou um técnico. Depois de uma verificação completa no veículo, o técnico pegou um martelo e deu uma única martelada numa determinada parte do motor. A máquina voltou a funcionar como se nunca tivesse dado problema. Quando, porém, o fazendeiro viu a conta, ficou zangado e reclamou:

– Como o senhor quer cobrar um valor desse por apenas uma única martelada?

– Meu amigo – respondeu o homem –, pela martelada em si cobrei um valor muito baixo. O que cobrei mesmo foi pelo conhecimento de onde o golpe tinha que ser aplicado.

Essa história mostra como é importante valorizar o conhecimento e como ele pode nos ajudar a resolver problemas rapidamente. Não quero com isso fazer apologia do uso de consultores para auxiliar na solução de problemas das empresas. Apenas reforço que pode ser um caminho econômico a ser adotado.

Para que comparar?

Certo dia, um samurai, que era um guerreiro muito orgulhoso, foi procurar um mestre zen. Embora fosse muito famoso, ao olhar o mestre, diante de sua beleza e do encanto daquele momento, o samurai sentiu-se repentinamente inferior. Então disse ao mestre:

– Por que estou me sentindo inferior? Apenas um momento atrás, tudo estava bem. Quando aqui entrei, subitamente me senti inferior, e jamais havia me sentido assim antes. Encarei a morte muitas vezes, mas nunca experimentei medo. Por que me sinto assustado agora?

O mestre falou:

– Espere. Quando todos tiverem partido, responderei.

Durante todo o dia, pessoas chegavam para ver o mestre, e o samurai estava ficando cada vez mais cansado de esperar. Ao anoitecer, quando a sala estava vazia, o samurai perguntou novamente:

– Agora o senhor pode me responder por que me sinto inferior?

O mestre o levou para fora. Era uma noite de lua cheia, e a lua estava justamente surgindo no alto. Ele disse:

– Olhe para essas duas árvores: a árvore alta e a árvore pequena ao lado dela. Por anos ambas estiveram juntas perto de minha janela e nunca houve problema entre elas. A árvore menor jamais perguntou à maior: "Por que me sinto inferior diante de você?". Essa árvore é pequena e aquela é grande, esse é o fato, e nunca ouvi sussurro nenhum sobre isso.

O samurai argumentou:

– Isto se dá porque elas não podem se comparar.

E o mestre replicou:

– Então não precisa mais me perguntar. Você já sabe a resposta. Quando você não compara, toda a inferioridade e superioridade desaparecem. Você é o que é, e simplesmente existe. Um pequeno arbusto ou uma grande e alta árvore, não importa, você é você mesmo. Uma folhinha da relva é tão necessária quanto a maior das estrelas. O canto de um pássaro é tão necessário quanto qualquer Buda, pois o mundo será menos rico se esse canto desaparecer.

Simplesmente olhe à sua volta. Tudo é necessário e tudo se encaixa. É uma unidade orgânica: ninguém é mais alto ou mais baixo, ninguém é superior ou inferior. Cada um é incomparavelmente único. Você é necessário, e basta. Na natureza, tamanho não é diferença. Tudo é expressão igual de vida.

Aprenda a dizer "não"

O vigia de uma pequena aldeia tinha a função de manter acesa a luz do farol. Para tanto, devia abastecê-lo com óleo dia e noite. Era um trabalho de muita responsabilidade, pois o farol guiava os navios que passavam por um local estreito, perigoso e cheio de rochas.

Próximo ao farol havia uma pequena aldeia e, constantemente, um morador de lá ia procurar o vigia para pedir-lhe um pouquinho de óleo para suas lamparinas. O vigia, homem muito bondoso, nunca lhe dizia "não". Agindo assim, com o tempo, o faroleiro gastou todo suprimento de óleo do farol e, pouco a pouco, a luz da importante torre foi enfraquecendo, até apagar completamente. O vigia se apavorou quando viu diante dele o quadro que ele mesmo ajudara a pintar: um grande navio cheio de tripulantes se aproximou do estreito, bateu nas rochas e afundou. Sua atitude insensata e irresponsável, ainda que bem-intencionada, acabou provocando a morte de muitas outras pessoas.

Em alguns momentos da vida, temos de agir com firmeza e saber dizer "não". Se nos desviarmos das nossas responsabilidades, poderemos causar perdas para quem depositou confiança em nosso trabalho.

Segure seus ímpetos

Certa vez, uma menina ganhou um brinquedo no dia do seu aniversário. Na manhã seguinte, uma amiguinha foi até sua casa lhe fazer companhia e brincar com ela. Mas a menina não podia ficar com a amiga, pois tinha de sair com a mãe. A amiga, então, pediu que a menina a deixasse ficar brincando com seu brinquedo novo. Ela não gostou muito da ideia, mas, por insistência da mãe, acabou concordando.

Quando retornou para casa, a amiguinha já não estava mais lá: tinha deixado o brinquedo fora da caixa, todo espalhado e quebrado. Ela ficou muito brava e queria porque queria ir até a casa da amiga para brigar com ela. Mas a mãe ponderou:

– Você se lembra daquela vez em que um carro jogou lama no seu sapato? Ao chegar em casa você queria limpar imediatamente aquela sujeira, mas sua avó não deixou. Ela falou que você devia primeiro deixar o barro secar. Depois, ficaria mais fácil limpar. Com a raiva é a mesma coisa. Deixe a raiva secar primeiro, depois fica bem mais fácil resolver tudo.

Mais tarde, a campainha tocou: era a amiga trazendo um brinquedo novo. Disse que não tinha sido culpa dela, e sim de um menino invejoso, que, por maldade, havia quebrado o brinquedo quando ela brincava com ele no jardim. E a menina respondeu:

– Não faz mal, minha raiva já secou!

Discussões no trabalho podem levar as pessoas a ter sentimentos de raiva. Segure seus ímpetos, deixe o barro secar para depois limpá-lo. Assim você não corre o risco de cometer injustiças.

Siga em frente! Deixe
que as coisas se acomodem

Um cocheiro dirigia uma carroça cheia de abóboras. A cada solavanco do carro, ele olhava para trás e via as abóboras todas desarrumadas. Então ele parava a carroça, descia e colocava todas novamente no lugar. Porém, mal reiniciava a viagem, lá vinha outro solavanco e... tudo se desarrumava de novo.

Então ele começou a ficar desanimado e pensou: "Jamais vou conseguir terminar minha viagem! É simplesmente impossível percorrer esta estrada de terra e ao mesmo tempo manter as abóboras no lugar!".

Enquanto pensava assim, viu passar pela estrada, bem à sua frente, outra carroça cheia de abóboras, e observou que o cocheiro seguia em frente sem nem olhar para trás: as abóboras que iam se desarrumando organizavam-se sozinhas com o solavanco seguinte. Foi então que ele compreendeu que, se colocasse a carroça em movimento na direção do local aonde queria chegar, os próprios solavancos da carroça se encarregariam de acomodar as abóboras em seus devidos lugares.

Tem pessoas que estão sempre arrumando e corrigindo alguma coisa e por isso não conseguem nunca levar os projetos para a frente. Na empresa, o planejamento e a correção de erros são importantes para atingir objetivos, mas não podemos parar a cada instante para deixar as coisas sempre perfeitas. Elas vão se acomodando "com o andar da carroça".

Você vê o que você reflete

Tempos atrás, em um distante e pequeno vilarejo, havia um lugar conhecido como a Casa dos Mil Espelhos. Um pequeno e feliz cãozinho soube da existência desse lugar e decidiu visitá-lo. Lá chegando, saltitou feliz escada acima até a porta da casa. Olhou através da grande porta envidraçada de entrada com as orelhas bem levantadas e o rabinho balançando tão rapidamente quanto podia. Para sua grande surpresa, deparou com outros mil pequenos e felizes cãezinhos, todos com os rabinhos balançando tão rapidamente quanto o dele. Abriu um enorme sorriso e foi correspondido com mil enormes sorrisos. Quando saiu da casa, pensou: "Que lugar maravilhoso! Voltarei sempre aqui, um montão de vezes".

Nesse mesmo vilarejo, outro pequeno cãozinho, que não era tão feliz quanto o primeiro, também decidiu um dia visitar a Casa dos Mil Espelhos. Escalou lentamente suas escadarias e olhou através da grande porta envidraçada. Quando viu mil outros cãezinhos de olhares hostis olhando fixamente para ele, rosnou e mostrou os dentes. E logo ficou horrorizado ao ver os mil cãezinhos também rosnando e mostrando os dentes para ele. Quando saiu, ele pensou: "Que lugar horrível! Nunca mais volto aqui".

E você? Como está olhando para os espelhos que existem em seu setor? Reflita sobre isso. A forma como você vê as pessoas no trabalho é um reflexo do seu comportamento.

O TRABALHO EM EQUIPE RENOVA AS ENERGIAS

Um membro de determinado grupo, ao qual prestava serviços regularmente, sem nenhum aviso prévio, deixou de participar dos trabalhos. Após algumas semanas, o líder do grupo decidiu visitá-lo. Era uma noite muito fria. O líder encontrou o homem em casa sozinho, sentado diante de um fogo brilhante. Já imaginando o motivo da visita, o homem deu-lhe as boas-vindas, conduziu-o a uma grande cadeira perto da lareira e ficou quieto, esperando. O líder se fez confortável, mas não disse nada. No silêncio, contemplou a dança das chamas em torno da lenha ardente. Após alguns minutos, o líder examinou as brasas, cuidadosamente apanhou uma brasa ardente e deixou-a de lado. Então, voltou a sentar-se e permaneceu silencioso e imóvel.

O anfitrião prestava atenção em tudo, fascinado e quieto. A chama da brasa solitária diminuiu, houve um brilho momentâneo e seu fogo apagou de vez. Logo o carvão estava frio e morto. Nenhuma palavra tinha sido dita desde o cumprimento inicial. Antes de se preparar para sair, o líder recolheu o carvão frio e inoperante e colocou-o de volta no meio do fogo. Imediatamente ele voltou a incandescer com a luz e o calor dos carvões ardentes ao seu redor. Quando o líder alcançou a porta para partir, o anfitrião disse:

– Obrigado, tanto por sua visita quanto pelo sermão. Estou voltando amanhã ao convívio do grupo.

As razões
do trabalho

Certa ocasião, um mestre estava caminhando com seu aluno quando uma raposa passou correndo atrás de um coelho. O mestre apontou para os animais que corriam e disse ao aluno:

– Segundo uma fábula antiga, o coelho escapa da raposa e sobrevive.

– Não acho – respondeu o aluno. – A raposa é muito mais rápida e logo alcançará o coelho.

– Mas o coelho vai enganá-la – insistiu o mestre.

– Por que o senhor tem tanta certeza? – perguntou o aluno.

– Porque a raposa corre pela sua refeição e o coelho corre pela sua vida – respondeu o mestre.

Essa fábula retrata muito bem o que acontece nas empresas em termos de comprometimento das pessoas. Muitos funcionários agem como a raposa, correndo atrás de salários como se esse fosse o único objetivo a alcançar. Outros funcionários, porém, têm objetivos mais nobres e enxergam alguma coisa maior no trabalho. Sabem que têm algo a construir. Não se cansam facilmente e, mesmo diante de situações adversas, usam a criatividade para superar e vencer os obstáculos. Procure ter na sua equipe, na sua empresa, funcionários efetivamente comprometidos com o seu projeto, e não pessoas que apenas trocam trabalho por remuneração.

Transforme em força a sua fraqueza

Um garoto de dez anos de idade decidiu praticar judô, apesar de ter perdido o braço esquerdo em um terrível acidente de carro. O menino ia muito bem. Mas, sem entender o porquê, após três meses de treinamento, o mestre tinha lhe ensinado somente um movimento. O garoto então disse:

– Mestre, não devo aprender mais movimentos?

O mestre respondeu ao menino, calmamente e com convicção:

– Realmente, esse é o único movimento que você sabe, mas também é o único movimento que você precisará saber.

Meses mais tarde, o mestre inscreveu o menino em seu primeiro torneio. O menino ganhou facilmente os primeiros dois combates e foi para a luta final. Seu oponente era bem maior, mais forte e mais experiente. O garoto, usando os ensinamentos do mestre, entrou para a luta e, quando teve oportunidade, usou seu movimento para prender o adversário. Foi assim que o menino ganhou a luta e o torneio. Era o campeão. Mais tarde, em casa, o menino e o mestre reviram cada movimento em cada luta. Então, o menino criou coragem para perguntar o que ia realmente pela mente do mestre:

– Mestre, como eu consegui ganhar o torneio apenas com um movimento?

– Você ganhou por duas razões – respondeu o mestre. – Em primeiro lugar, você dominou um dos golpes mais difíceis do judô. E, em segundo lugar, a única defesa conhecida para esse movimento é o seu oponente agarrar seu braço esquerdo.

A maior fraqueza do menino tinha se transformado em sua maior força... Assim, também nós podemos usar nossa fraqueza para que ela se transforme em nossa força. O que realmente importa é o poder da determinação.

VOCÊ NUNCA DEVE DESISTIR DE SUAS IDEIAS

Conta a lenda que um príncipe ia ser coroado imperador, mas, de acordo com a lei, ele deveria se casar. Sabendo disso, o rapaz lançou uma disputa entre todas as moças do reino. Anunciou o seguinte desafio para um grupo de jovens que havia se apresentado:

– Darei, para cada uma de vocês, uma semente. Aquela que, dentro de seis meses, trouxer a mais bela flor, será minha esposa.

O tempo passou, e uma das jovens, a mais humilde delas, apesar de não ter tanta habilidade nas artes da jardinagem, cuidava da sua sementinha com muita paciência e ternura, pois sabia que se a beleza da flor surgisse na mesma extensão de seu amor, ela não precisaria ficar preocupada com o resultado.

Passaram-se três meses e nada germinou. Passaram-se os seis meses e ela nada havia cultivado. A flor não brotou. Porém, consciente do seu esforço e dedicação, compareceu ao palácio na data e hora combinadas. Lá estava a jovem, com seu vaso de flores vazio, junto a todas as outras pretendentes, cada qual com uma flor mais bela que a outra.

O príncipe observou cada uma das pretendentes com muito cuidado e atenção e anunciou que a jovem que trazia o vaso vazio era a escolhida. Era ela sua futura esposa. Ninguém compreendeu por que ele havia escolhido justamente aquela que nada havia cultivado! Então, calmamente, ele esclareceu:

– Esta foi a única que cultivou a flor que a tornou digna de se tornar uma imperatriz, a flor da honestidade, pois todas as sementes que entreguei eram estéreis.

Você nunca deve desistir de suas ideias. Acredite nelas e trabalhe.

A HONESTIDADE É UM VALOR MUITO PESSOAL

Conta a lenda que havia um mestre vivendo com um grande número de discípulos. Eles sobreviviam de esmolas e doações. Sempre estavam reclamando das condições precárias do templo. Um dia, o mestre deu a seguinte orientação:

– Vocês devem ir para a cidade e roubar bens que poderão ser vendidos para a arrecadação de dinheiro. Dessa forma, nós seremos capazes de fazer uma boa reforma em nosso templo. Peço que cometam o roubo somente quando ninguém estiver olhando. Não quero que ninguém seja pego.

Os discípulos ficaram espantados por esse tipo de sugestão vir do sábio mestre. Mas como todos tinham o maior respeito por ele, não protestaram. Todos, com exceção de um, foram para a cidade.

O sábio mestre se aproximou do rapaz que não quis ir e perguntou-lhe:

– Por que você ficou para trás?

O garoto respondeu:

– Eu não posso seguir as suas instruções para roubar onde ninguém esteja me vendo. Não importa aonde eu vá, sempre estarei olhando para mim mesmo. Meus próprios olhos me verão roubando.

O sábio mestre abraçou o garoto com um sorriso de alegria e disse:

– Eu estava somente testando a integridade dos meus estudantes, e você é o único que passou no teste!

Após muitos anos, o garoto tornou-se um grande mestre.

No dia a dia da empresa, somos colocados diante de situações que são verdadeiras provas de nossas crenças morais. Vencer cada prova vai depender exclusivamente de você.

O TURBANTE E
A VAIDADE DO REI

A história conta que um sábio apareceu na corte com um magnífico turbante, pedindo dinheiro para caridade.

O sultão, ao ver o homem com o turbante, falou:

– Você veio me pedir dinheiro, mas está usando um ornamento muito caro na cabeça. Quanto custou essa peça extraordinária?

– Quinhentas moedas de ouro – respondeu o sábio.

O discípulo falou baixinho para o sábio:

– É mentira. Nenhum turbante custa essa fortuna.

O sábio insistiu:

– Não vim aqui só para pedir, vim também para negociar. Paguei tanto dinheiro pelo turbante porque sabia que, em todo o mundo, apenas um sultão seria capaz de comprá-lo por seiscentas moedas, para que eu pudesse dar o lucro aos pobres.

O sultão, lisonjeado, pagou o que o sábio pedia. Na saída, o sábio comentou com o discípulo:

– Você pode conhecer muito bem o valor de um turbante, mas eu conheço até onde a vaidade pode levar um homem.

Cuidado com o leão surdo

Certa vez, um caçador recebeu de um feiticeiro uma flauta mágica que, ao ser tocada, enfeitiçava os animais, fazendo-os dançar. Desse modo, o caçador teria facilitada a sua ação. Entusiasmado com o instrumento, o caçador organizou uma caçada e convidou dois outros amigos caçadores. Logo no primeiro dia, o grupo se deparou com um feroz tigre. De imediato, o caçador pôs-se a tocar a flauta e, milagrosamente, o tigre, que já estava próximo de um de seus amigos, começou a dançar. Foi fuzilado à queima-roupa. Horas depois, a caravana foi atacada por um leopardo, que saltara de uma árvore. Ao som da flauta, contudo, o animal transformou-se: de agressivo, ficou manso e dançou. Os caçadores não hesitaram: mataram-no com vários tiros.

Ao final do dia, o grupo encontrou pela frente um leão faminto. A flauta soou, mas o leão não dançou. Ao contrário, atacou um dos amigos e em seguida matou o outro. O tocador de flauta, desesperadamente, fazia soar as notas musicais, mas sem resultado algum. O leão não dançava. E enquanto tocava e tocava, o caçador foi devorado. Isso aconteceu porque ele não percebeu que o leão faminto era surdo e, portanto, não escutava o som mágico da flauta.

Não devemos confiar cegamente nos métodos que sempre deram certo, pois um dia poderão falhar.

Tenha sempre um plano de contingência, prepare alternativas para as situações imprevistas, analise as possibilidades de erro. Previna-se: esteja atento às mudanças e não espere as dificuldades para agir. Cuidado com o leão surdo.

Torne o ambiente mais leve e menos carregado de mágoas

Dois monges estavam atravessando um rio quando encontraram uma mulher muito bonita, que também desejava atravessá-lo, mas estava com muito medo. Um deles, então, resolveu carregá-la até a outra margem. O outro monge ficou indignado com seu amigo. Afinal, ele havia quebrado uma regra, a de que um monge nunca deveria tocar numa mulher. Mas não disse nada. Apenas engoliu a raiva.

Quilômetros se passaram até que chegaram ao mosteiro. O monge enraivecido se voltou para o primeiro e finalmente disse:

– Olhe, terei que falar ao mestre sobre o seu comportamento proibido.

– Do que você está falando? – perguntou o primeiro.

– Ora, do seu comportamento. Você esqueceu que tocou naquela mulher e a carregou nos braços?

O primeiro monge então riu e calmamente replicou:

– Sim, eu a carreguei. Mas a deixei lá na outra margem do rio, quilômetros atrás. Você, ao contrário, a está carregando até aqui.

O significado que damos às coisas nem sempre é o mesmo para as outras pessoas. Você pode estar carregando consigo uma carga de infelicidade sem necessidade. Comunique-se mais na empresa e torne o ambiente mais leve e menos carregado de mágoas, muitas vezes causadas por coisas pequenas e irrelevantes.

Não se esqueça
do principal

Conta a lenda que uma mulher pobre, com uma criança no colo, passou diante de uma caverna e escutou uma voz misteriosa que lá dentro lhe dizia:

– Entre e apanhe tudo o que desejar, mas não se esqueça do principal. Lembre-se de uma coisa: depois que você sair, a porta se fechará para sempre. Portanto, aproveite a oportunidade, mas não se esqueça do principal...

A mulher entrou na caverna e encontrou muitas riquezas. Fascinada pelo ouro e pelas joias, pôs a criança no chão e começou a juntar, ansiosamente, tudo o que podia no seu avental. A voz misteriosa falou de novo:

– Você, agora, só tem oito minutos.

Esgotados os oito minutos, a mulher, carregada de ouro e pedras preciosas, correu para fora da caverna e a porta se fechou... Lembrou-se, então, que a criança tinha ficado lá dentro e que a porta estava fechada para sempre!

A riqueza durou pouco, mas o desespero da mulher foi eterno. O mesmo acontece, por vezes, conosco. Temos mais ou menos oitenta anos para viver neste mundo e uma voz sempre nos adverte: "Não se esqueça do principal!". E o principal são os filhos, a família, as amizades e o amor! Mas a ganância, a riqueza, os prazeres materiais nos fascinam tanto que o principal vai ficando sempre de lado... Seja dedicado ao trabalho, mas não se esqueça do principal.

Desenvolva relações mais sólidas e mais confiantes

Havia um médico cujo hobby era plantar árvores no quintal de sua casa. Um dia houve um vendaval muito forte e as árvores da rua e dos vizinhos caíram todas, pois não resistiram à força do vento. As únicas árvores que permaneceram em pé foram as da casa do médico. Ele, então, contou para os vizinhos a razão de as suas árvores serem tão resistentes: ele jamais regava as mudas que plantava e, por isso, elas demoravam muito a crescer.

A sua teoria era que se regasse as plantas, as raízes se acomodariam na superfície e ficariam sempre esperando pela água mais fácil, vinda de cima. Como ele não as regava, as árvores demoravam mais para crescer, mas suas raízes iam para o fundo da terra em busca da água. Assim, segundo ele, as árvores teriam raízes profundas e seriam mais resistentes.

Disse ainda que, frequentemente, dava uma palmadinha em suas árvores com um jornal enrolado, e fazia isso para que se mantivessem sempre acordadas e atentas.

Precisamos agir da mesma forma na empresa, criando sistemas de trabalho mais estruturados e plantando relações pessoais mais sólidas e confiantes. Só assim a empresa poderá suportar e sobreviver às adversidades externas, vindas da concorrência ou mesmo da conjuntura econômica.

Apague da memória os pequenos desentendimentos

Diz uma lenda árabe que dois amigos viajavam pelo deserto e, em determinado ponto da viagem, discutiram. Um deles, ofendido, sem nada dizer, escreveu na areia: "Hoje, meu melhor amigo me bateu no rosto". Seguiram viagem e chegaram a um oásis, onde resolveram tomar banho. O que havia sido esbofeteado começou a se afogar e foi salvo pelo amigo. Ao recuperar-se, pegou um estilete e escreveu numa pedra: "Hoje, meu melhor amigo salvou-me a vida". Intrigado, o amigo perguntou:

– Por que, depois que bati em seu rosto, você escreveu na areia e, agora, escreveu na pedra?

Sorrindo, o outro amigo respondeu:

– Quando um grande amigo nos ofende, devemos escrever na areia, onde os ventos do esquecimento e do perdão se encarregam de apagar; porém, quando nos faz algo grandioso, devemos gravar na pedra da memória do coração, onde vento nenhum do mundo poderá apagar.

Deixe que o vento apague da sua memória as coisas pequenas, como desentendimentos corriqueiros, que todo dia estamos sujeitos a ter no trabalho. Guarde na lembrança as coisas boas, que normalmente as pessoas fazem e que poucas vezes são lembradas.

Abra os olhos
para a verdade

Um homem vinha caminhando pela floresta quando viu uma raposa que perdera as pernas e ficou curioso para ver como ela faria para sobreviver.

Notou, então, um tigre se aproximando com um animal abatido na boca. O tigre saciou a sua fome e deixou o resto da presa para a raposa se alimentar. No dia seguinte, Deus alimentou a raposa usando o mesmo tigre.

O homem maravilhou-se da grandiosidade de Deus e disse a si mesmo:

– Também eu irei me recolher num canto, com plena confiança em Deus, e ele há de prover tudo o que eu precisar.

Assim fez, mas durante muitos dias nada aconteceu. Estava já quase às portas da morte quando ouviu uma voz:

– Ó, tu que estás no caminho do erro, abre os olhos para a verdade! Segue o exemplo do tigre e para de imitar a raposa aleijada.

Eu não consigo entender certas pessoas que simplesmente se acomodam na empresa e querem que as coisas caiam do céu para elas. Em vez de se espelharem nos exemplos das pessoas que trabalham e são produtivas, elas se alinham com aqueles que querem que as coisas melhorem, mas que não fazem nada para isso acontecer. Vivem acomodadas, reclamando de tudo, esperando simplesmente que as coisas se resolvam, mas são incapazes de mover uma palha para isso.

O problema de um
é problema de todos

Certa vez, um rato olhou pelo buraco da parede e ficou aterrorizado quando viu o fazendeiro armando uma ratoeira. O rato saiu correndo para comunicar aos outros animais. Quando avisou a galinha, ela disse:

– Mas isso não é problema meu, não me incomoda nem um pouco.

O rato foi avisar o porco, mas ele também disse que nada podia fazer, pois não era problema seu. O rato foi, então, avisar a vaca sobre o perigo da ratoeira, mas ela pouco lhe deu atenção. Também não era problema dela. Naquela noite, a dona da casa foi à cozinha para ver se algum rato havia ficado preso na ratoeira, porém como estava escuro, ela não viu uma cobra venenosa, que a picou. A mulher adoeceu e, no dia seguinte, amanheceu com febre. Resolveram matar a galinha porque o doente se recupera com uma boa canja. No fim de semana, muitos amigos foram visitar a mulher doente e, para servir-lhes o almoço, o fazendeiro resolveu matar o porco. A mulher não melhorou, vindo a falecer. Tanta gente compareceu ao enterro que o fazendeiro foi obrigado a matar a vaca para poder alimentar os amigos.

Quando na sua empresa você for solicitado a ajudar em alguma tarefa que aparentemente não seja da sua conta, lembre-se: um problema na empresa sempre atinge a todos.

A DECISÃO ESTÁ EM SUAS MÃOS

Havia um viúvo que morava com suas duas curiosas e inteligentes filhas. As meninas sempre faziam muitas perguntas. Algumas ele sabia responder, outras não. Como pretendia oferecer a elas a melhor educação, mandou as meninas passarem as férias com um sábio que morava no alto de uma colina. O sábio sempre respondia a todas as perguntas sem hesitar. Impacientes com o sábio, as meninas resolveram inventar uma pergunta à qual não saberia responder. Então, uma delas apareceu com uma linda borboleta azul que usaria para pregar uma peça no sábio.

– O que você vai fazer? – perguntou a irmã.

– Vou esconder a borboleta em minhas mãos e perguntar se ela está viva ou morta. Se ele disser que ela está morta, vou abrir minhas mãos e deixá-la voar. Se ele disser que ela está viva, vou apertá-la e esmagá-la. E, assim, qualquer resposta que o sábio nos der estará errada!

As duas meninas foram, então, ao encontro do sábio, que estava meditando.

– Tenho aqui uma borboleta azul. Diga-me, sábio, ela está viva ou morta?

Calmamente o sábio sorriu e respondeu:

– Depende de você. Ela está em suas mãos!

Nós somos responsáveis por nossos atos, seja em nossa vida profissional ou pessoal. As decisões estão nas nossas mãos, como a borboleta. Cabe a nós escolher o que fazer com a nossa vida.

O que você prefere: Cantar ou blasfemar?

Um homem caminhava por um vale quando encontrou um velho pastor. Dividiu com ele seu alimento e ficaram um longo tempo conversando sobre a vida. Em dado momento, o tema começou a girar em torno das consequências dos nossos atos. O pastor começou a cantar. Como estavam num desfiladeiro de montanhas, a música ecoava suavemente e enchia o vale. De repente, o pastor interrompeu a música e começou a blasfemar contra tudo e todos. Os gritos do pastor também refletiram nas montanhas e voltaram até onde os dois se encontravam.

– A vida é este vale, as montanhas são as pessoas que vivem ao seu redor, e a voz do homem é o seu destino – disse o pastor. – Somos livres para cantar ou blasfemar, mas tudo aquilo que fizermos será levado ao outro e nos será devolvido da mesma forma.

Se você acha que o seu ambiente de trabalho poderia ser melhor, reflita sobre o que você faz para que ele melhore. Se você agir de forma cooperativa, promovendo a harmonia, perceberá um ambiente amistoso e leve, gostoso de trabalhar. Mas se, ao contrário, você só criticar, praguejar e blasfemar, o ambiente também será consequência dos seus atos.

Pense nisso e construa um local de trabalho agradável, sendo você mesmo uma pessoa agradável. Como foi dito na história: somos livres para cantar ou blasfemar, mas tudo aquilo que fizermos será levado ao outro e nos será devolvido da mesma forma.

Seja respeitado por ser diferente

Um carpinteiro e seus auxiliares viajavam em busca de material para construções. Viram uma árvore gigantesca: cinco homens de mãos dadas não conseguiam abraçá-la e seu topo era tão alto que quase tocava as nuvens.

– Não vamos perder nosso tempo com esta árvore – disse o mestre carpinteiro. – Para cortá-la, demoraremos muito. Se quisermos fazer um barco, ele afundará, de tão pesado que é o seu tronco. Se resolvermos usá-la para a estrutura de um teto, as paredes terão que ser exageradamente resistentes.

O grupo seguiu adiante. Um dos aprendizes comentou:

– Uma árvore tão grande e não serve para nada!

– Você está enganado – disse o mestre carpinteiro. – Ela seguiu seu destino a sua maneira. Se fosse igual às outras, já a teríamos cortado. Mas, porque teve coragem de ser diferente, permanecerá viva e forte por muito tempo.

Devemos ter algo de grandioso que sempre possa nos diferenciar: um conhecimento mais profundo, uma habilidade específica, algo que as pessoas respeitem e que não possam demolir. Pense no que você é bom e no que pode se diferenciar dos outros, e invista nisso.

Conheça a razão
daquilo que faz

Um grupo de cientistas colocou cinco macacos em uma jaula, em cujo centro puseram uma escada e, sobre ela, um cacho de bananas.

Quando um macaco subia a escada para apanhar as bananas, os cientistas lançavam um jato de água fria nos que estavam no chão. Depois de certo tempo, quando um macaco ia subir a escada, os outros enchiam-no de pancadas. Passado mais algum tempo, nenhum macaco subia mais a escada, apesar da tentação das bananas.

Então, os cientistas substituíram um dos cinco macacos. A primeira coisa que ele fez foi subir a escada, dela sendo rapidamente retirado pelos outros, que o surraram. Depois de algumas surras, o novo integrante do grupo não mais subia a escada. Um segundo foi substituído e o mesmo ocorreu, tendo o primeiro substituto participado, com entusiasmo, da surra ao novato. Um terceiro foi trocado e repetiu-se o fato. Um quarto e, finalmente, o último dos veteranos foi substituído. Os cientistas ficaram, então, com um grupo de cinco macacos, que, mesmo nunca tendo tomado um banho frio, continuavam batendo naquele que tentasse chegar às bananas.

Se fosse possível perguntar a algum deles por que batiam em quem tentava subir a escada, com certeza a resposta seria: "Não sei, as coisas sempre foram assim por aqui…".

De vez em quando é bom questionar por que fazemos determinadas coisas dentro da empresa.

Sapos fervidos

Estudos biológicos mostraram que um sapo colocado num recipiente, com a mesma água de sua lagoa, fica estático durante todo o tempo em que aquecemos a água, mesmo que ela ferva. O sapo não reage ao gradual aumento de temperatura (mudanças de ambiente) e morre quando a água ferve. Inchado e feliz.

Porém, outro sapo que seja jogado nesse recipiente com a água já fervendo salta imediatamente para fora. Meio chamuscado, mas vivo!

Às vezes, somos sapos fervidos. Não percebemos as mudanças. Achamos que está tudo muito bom, ou que aquilo que está mal vai passar, é só questão de tempo. Estamos prestes a morrer, mas ficamos boiando, estáveis e apáticos, na água que se aquece a cada minuto. Acabamos morrendo, inchadinhos e felizes, sem perceber as mudanças à nossa volta.

Sapos fervidos não notam que, além de eficientes (fazer certo as coisas), precisam ser eficazes (fazer as coisas certas). E para que isso aconteça, há a necessidade de um contínuo crescimento, com espaço para o diálogo, para a comunicação clara, para dividir e planejar, para uma relação adulta.

O desafio ainda maior está na humildade em atuar respeitando o pensamento do próximo. Há sapos fervidos que ainda acreditam que o fundamental é a obediência, e não a competência: "Manda quem pode e obedece quem tem juízo". E nisso tudo, onde está a vida de verdade? É melhor sair meio chamuscado de uma situação, mas vivos e prontos para agir.

Seja digno de confiança:
revele também os seus defeitos

Um mestre zen tinha centenas de discípulos. Todos rezavam na hora certa, exceto um, que vivia bêbado. O mestre foi envelhecendo. Alguns dos alunos mais virtuosos começaram a discutir quem seria o novo líder do grupo, aquele que receberia os importantes segredos da tradição.

Na véspera de sua morte, porém, o mestre chamou o discípulo bêbado e lhe transmitiu os segredos ocultos. Uma verdadeira revolta tomou conta dos outros.

– Que vergonha! – gritavam pelas ruas. – Nos sacrificamos por um mestre errado, que não sabe ver nossas qualidades.

Escutando a confusão do lado de fora, o mestre agonizante comentou:

– Eu precisava passar esses segredos para um homem que eu conhecesse bem. Todos os meus alunos eram muito virtuosos e mostravam apenas suas qualidades. Isso é perigoso; a virtude muitas vezes serve para esconder a vaidade, o orgulho e a intolerância. Por isso escolhi o único discípulo que eu conhecia realmente bem, já que podia ver seu defeito: a bebedeira.

Às vezes, as pessoas que mostram seus defeitos são mais merecedoras de confiança do que aquelas que só apresentam suas qualidades.

EM ALGUMAS SITUAÇÕES, É INTELIGENTE SE PASSAR POR TOLO

A nossa vida, no dia a dia, é praticamente constituída de negociações. A cada momento estamos diante de uma relação interpessoal, negociando com alguém. Esse alguém pode ser um colega de trabalho, um cliente, um fornecedor, a esposa, os filhos. Às vezes, temos de nos passar por tolos para conseguir algo que desejamos.

Tem uma história que ilustra bem essa questão: um homem tido como muito inteligente havia se transformado numa espécie de atração da principal feira da cidade.

Quando se dirigia às pessoas para pedir esmolas, elas costumavam lhe mostrar uma moeda grande e uma pequena. O homem sempre escolhia a pequena. Um dia um senhor generoso, cansado de ver as pessoas rirem do velho homem, explicou-lhe:

– Sempre que lhe oferecerem duas moedas, escolha a maior. Assim terá mais dinheiro e não será considerado idiota pelos outros.

– O senhor deve ter razão – respondeu o homem. – Mas se eu sempre escolher a moeda maior, as pessoas vão deixar de me oferecer dinheiro, para provar que sou mais idiota que elas. E, dessa maneira, não poderei mais ganhar meu sustento.

Não há nada de errado em se passar por tolo, se na verdade o que você está fazendo é algo inteligente.

Arrisque uma resposta, mesmo que ela pareça óbvia

Certa manhã, um sábio, fingindo-se de louco, pegou um ovo, embrulhou-o em um lenço, foi para o meio da praça da cidade e chamou aqueles que estavam ali.

– Hoje teremos um importante concurso! – disse. – Para quem descobrir o que está embrulhado neste lenço, eu dou de presente o ovo que está dentro!

As pessoas se olharam, intrigadas, e responderam:

– Como podemos saber? Ninguém aqui é capaz de fazer adivinhações!

O sábio insistiu:

– O que está neste lenço tem um centro que é amarelo como uma gema, cercado de um líquido da cor da clara, que por sua vez está contido dentro de uma casca que quebra facilmente. É um símbolo de fertilidade e nos lembra os pássaros, que voam para seus ninhos. Então, quem pode me dizer o que está escondido?

Todos os habitantes pensavam que o sábio tinha em suas mãos um ovo, mas a resposta era tão óbvia que ninguém resolveu passar vergonha diante dos outros. E se não fosse um ovo, mas algo muito importante, produto da sua fértil imaginação? O sábio perguntou mais duas vezes e ninguém se arriscou a dizer o que pensava. Então, ele abriu o lenço e mostrou a todos o ovo.

– Todos vocês sabiam a resposta – afirmou. – E ninguém ousou traduzi-la em palavras!

É assim a vida daqueles que não têm coragem de arriscar: as soluções nos são dadas generosamente por Deus, mas as pessoas sempre procuram explicações mais complicadas e terminam não fazendo nada.

Expulse de sua vida o outro que o ensinaram a ser

Um sujeito estava em um bar com o seu grupo quando entrou um velho amigo, que vivia tentando acertar na vida, sem resultado. "Vou ter que dar uns trocados para ele", pensou o sujeito.

Acontece que, naquela noite, o tal amigo estava rico e veio exatamente para pagar todas as dívidas que havia contraído no decorrer dos anos. Além de reembolsar os empréstimos que lhe foram feitos, ele mandou servir uma rodada de bebida para todos. Quando lhe indagaram a razão de tanto êxito, respondeu que até dias atrás estava vivendo o "outro".

– O que é o "outro"? – perguntaram.

– O "outro" é aquele que me ensinaram a ser, mas que não sou eu. O "outro" acredita que a obrigação do homem é passar a vida inteira pensando em como ter segurança para não morrer de fome quando ficar velho. Tanto faz planos, que só descobre que está vivo quando seus dias estão quase terminando.

– E você, quem é?

– Eu sou o que qualquer um de nós é, se assim desejar: uma pessoa que se deslumbra diante do mistério da vida. Só que o "outro", com medo de decepcionar-se, não me deixava agir.

– Mas existe sofrimento – dizem as pessoas no bar.

– Ninguém escapa do sofrimento. Por isso, é melhor perder alguns combates na luta por seus sonhos, que ser derrotado sem sequer saber por que se está lutando. Quando descobri isso, acordei decidido a ser o que realmente sempre desejei. O "outro" ficou ali, no meu quarto, me olhando. No começo, não aceitou sua condição e vivia insistindo para voltar a possuir minha alma. Mas eu não o deixei mais entrar, embora tenha procurado me assustar algumas vezes, me alertando para os riscos de não pensar no futuro. A partir do momento em que expulsei o "outro" da minha vida, a energia divina operou seus milagres.

Construa
seus castelos

Num pequeno reinado, o monarca era escolhido pelo povo e reinava por sete anos. Mandava a tradição que, após seu governo, o rei fosse exilado em uma ilha não explorada, onde viviam animais ferozes. Durante séculos, os monarcas passaram por esta fatalidade: ser levado para a ilha após os sete anos de reinado e lá morrer devorado por animais selvagens. Certa vez, um rei, que fora muito bom para seu povo, concluiu o seu tempo de regência. No seu último dia de reinado, o povo, muito triste, foi até o local onde um barqueiro, que era o "carrasco", iria encontrar o rei para levá-lo à famosa ilha. A multidão era grande, e todos choravam enquanto o rei acenava e sorria. O barqueiro ficou muito intrigado com aquele comportamento do monarca, pois todos os outros reis que foram para lá iam tristes e chorosos, porque sabiam qual era o fim que os esperava. Então, o rei explicou ao barqueiro:

– Você se engana, pois eu não vou morrer; estou indo para minhas férias merecidas! Durante o meu reinado, mandei meus súditos para a ilha, para que lá construíssem um castelo e matassem todos os animais ferozes. A ilha, agora, é um tranquilo local para descansar.

A nossa vida, pessoal ou profissional, é feita de fases. Use o exemplo do rei e construa seus castelos antes das mudanças.

O VERDADEIRO
SIGNIFICADO DA PAZ

Certa vez, um rei tinha de decidir entre duas pinturas: qual delas mais representava a paz perfeita?

A primeira era um lago muito tranquilo. Esse lago era um espelho perfeito onde se refletiam as plácidas montanhas que o rodeavam. Sobre elas encontrava-se um céu muito azul com tênues nuvens brancas. Todos os que olharam para essa pintura pensaram que ela refletia a paz perfeita.

A segunda pintura também tinha montanhas. Mas eram escabrosas e estavam despidas de vegetação. Sobre elas havia um céu tempestuoso do qual se precipitava um forte aguaceiro com faíscas e trovões. Montanha abaixo, descia uma espumosa torrente de água. Tudo isso não era nada pacífico. Mas, quando o rei observou mais atentamente, reparou que atrás da cascata havia um pequeno galho saindo de uma fenda na rocha. Nesse galho encontrava-se um ninho. Ali, no meio do ruído da violenta camada de água, estava um passarinho placidamente sentado no seu ninho. Paz perfeita. O rei escolheu a segunda pintura e explicou:

– Paz não significa estar num lugar sem ruídos, sem problemas, sem trabalho árduo ou sem dor. Paz significa que, apesar de se estar no meio de tudo isso, permanecemos calmos no nosso coração. Esse é o verdadeiro significado da paz.

O MAL QUE
DESEJAMOS AOS OUTROS

Um menino entrou em casa dizendo ao pai que estava com muita raiva de um colega da escola. Ficou xingando o amigo e desejando tudo de ruim para ele. O pai escutou tudo calado e levou o garoto até o fundo do quintal, onde havia um saco cheio de carvão.

– Filho, faz de conta que aquela camisa branquinha que está secando no varal é o seu colega, e cada pedaço de carvão é um mau pensamento seu endereçado a ele. Quero que você jogue todo o carvão do saco na camisa, até o último pedaço. Depois eu volto para ver como ficou.

O menino começou a jogar o carvão na camisa. O varal com a camisa estava longe do menino e poucos pedaços acertavam o alvo. Uma hora se passou e o menino terminou a tarefa. O pai, que espiava tudo de longe, se aproximou do filho e perguntou:

– Filho, como você está se sentindo agora?

– Estou cansado, mas estou alegre porque acertei muitos pedaços de carvão na camisa.

– Venha comigo até o meu quarto, quero lhe mostrar uma coisa.

O filho acompanhou o pai até o quarto e foi colocado na frente de um grande espelho, onde pôde ver seu corpo todo. Que susto! Só conseguia enxergar seus dentes e seus olhinhos. O pai, então, lhe disse:

– Filho, você viu que a camisa quase não sujou, mas olhe só para você. O mal que desejamos aos outros é como o que lhe aconteceu.

Por mais que possamos atrapalhar a vida de alguém com nossos pensamentos, a borra, os resíduos e a fuligem ficam sempre em nós mesmos.

Encare o erro como uma experiência positiva

A maioria das pessoas encara o erro como uma experiência desagradável. O erro incomoda tanto que as pessoas adotam comportamentos agressivos com os outros e até com elas mesmas. Isso ocorre porque aprendemos, desde crianças, que erros são uma coisa ruim e devem ser evitados a qualquer custo. E aprendemos, também, que uma forma de não errar é evitar tudo que não seja seguro e previsível.

Diante disso, a maioria das pessoas consome boa parte da vida tentando evitar erros. Isso, no mundo dos negócios, é muito prejudicial. As pessoas ficam ansiosas quando tentam coisas novas. Se, na primeira vez que errarem, forem repreendidas, com certeza não irão mais se arriscar. Vão preferir fazer aquilo que sabem e que, com certeza, executam sem errar... Ou seja, a rotina. Isso é prejudicial para a empresa, que ficará dependendo apenas das tentativas de mudanças vindas do gerente ou da diretoria. Se achar que as pessoas na sua empresa não estão tendo iniciativa e não fazem nada além da rotina, mude isso! Incentive a prática da melhoria por meio da criatividade e da aceitação de erros.

Dê oportunidades

Pode ser que você olhe para os seus funcionários e ache que eles não são capazes de realizar tarefas que exijam maior responsabilidade.

E sabe que você pode estar certo?

Provavelmente, essas pessoas nunca tiveram a oportunidade de colocar em prática suas ideias e ver como é emocionante poder transformar seus pensamentos em realizações concretas. Talvez nunca tenham tido a chance de tomar decisões, nem recebido atenção quando apresentaram suas sugestões e desanimaram, perderam a motivação.

Lembre-se de que, na maioria das vezes, essas pessoas vieram de um outro emprego e carregam consigo as experiências de empresas anteriores. Estimule-as a dar ideias e a tomar decisões. Demonstre que você confia nelas e acredita em sua capacidade de realização.

No começo, é normal elas não falarem, com medo de se expor, mas aos poucos vão se soltando e falando. Você vai ver! É surpreendente a safra de talentos que surge quando as pessoas recebem algum estímulo para dar ideias, tomar decisões e assumir riscos.

Comprometa-se
com aquilo que fala

Você já deve ter ouvido, muitas vezes, alguém dizer: "Nesse aí não se pode confiar". "Não acredite no que ele fala." Pode ser que essas ideias refiram-se a um vendedor, a um fornecedor ou a uma pessoa da empresa.

Pessoas que prometem coisas e não cumprem...

Não há nada mais desanimador do que uma pessoa que fala, mas nunca faz. É essencial, na vida profissional, que você se comprometa com aquilo que diz que vai fazer. Precisamos acreditar que as pessoas dizem a verdade quando vamos escutá-las, interagir com elas, confiar nelas. No ambiente profissional, principalmente, isso é fundamental. Para termos credibilidade, precisamos manter ao máximo os nossos compromissos, e quando não for possível mantê-los, avisar, explicar e se desculpar. Mas sempre com a verdade, por mais desagradável que ela seja, para que a relação possa se basear na confiança. Lembre-se: a credibilidade é como o casco de um navio. Se houver furos, grandes ou pequenos, a curto ou médio prazo, o navio afundará.

Não multiplique
os problemas

Tem um ditado que diz: "Quando um rei não entende o problema e consulta os seus príncipes, o problema se multiplica pelo número de príncipes".

É muito comum ver, nas empresas, gerentes e supervisores afastados dos seus subordinados, não conhecendo como as operações se processam. O distanciamento e a falta de comunicação faz com que as pessoas trabalhem sem orientação adequada, e isso se traduz em ineficiência em todas as áreas. Quando solicitados pela chefia, para dar ideias e resolver questões, os funcionários saem em busca de soluções sem o conhecimento necessário do que precisam resolver.

E, assim, em vez de trazer soluções, os funcionários trazem mais problemas para a gerência solucionar. Uma maior aproximação da chefia com seus subordinados permitirá que ela possa descrever, com mais propriedade, o que precisa ser melhorado e, assim, de forma clara e ordenada, orientar os funcionários na busca das soluções.

Guarde bem o ditado: "Quando um rei não entende o problema e consulta os seus príncipes, o problema se multiplica pelo número de príncipes". Conheça melhor os problemas dos setores de sua empresa.

Não reclame, mude o caminho

Certo dia, um bezerro precisou atravessar uma floresta para voltar a seu pasto. Por ser um animal irracional, abriu uma trilha cheia de curvas, subindo e descendo colinas. No dia seguinte, um cão que passava por ali usou essa mesma trilha para atravessar a floresta. Depois, foi a vez de um carneiro, líder de um rebanho, que fez seus companheiros seguirem pela trilha torta.

Mais tarde, os homens começaram a usar esse caminho; viravam à direita, à esquerda, fazendo quase um zigue-zague, reclamando e praguejando até com certa razão... Mas não faziam nada para mudar a trilha.

Muitos anos se passaram e a estradinha tornou-se a rua principal de um vilarejo e, posteriormente, a avenida principal de uma cidade. E por ela passam todos os dias milhares de pessoas, seguindo a mesma trilha torta feita pelo bezerro centenas de anos atrás.

Nós temos a tendência de seguir como cegos pelas trilhas de bezerros criadas em nossas mentes, e fazemos muito pouco para mudar. Ora, as rotinas de trabalho na empresa são como trilhas a ser seguidas. Se você verificar que o caminho traçado é incoerente, faça algo para mudar e construa uma trilha mais curta e racional. Todos ganham quando o trabalho é feito com mais agilidade e em menos tempo.

Faça por merecer

Um dia, um funcionário foi até a sala do patrão para dizer que se sentia injustiçado. Sabia que um colega, com menos tempo de casa, estava ganhando mais do que ele. O patrão fingiu que não ouviu a reclamação e disse:

— Foi bom você ter vindo aqui... Tenho um problema para resolver. Quero oferecer uma sobremesa no almoço e pensei em servir abacaxi. Verifique, lá na barraca de frutas, se eles têm abacaxi.

O funcionário em cinco minutos estava de volta com a missão cumprida, confirmando que na barraca havia abacaxi.

— E quanto custa?

— Ah, isso eu não perguntei!

O patrão pegou o telefone e mandou chamar o tal colega do funcionário. Quando ele entrou na sala, o patrão disse:

— Eu quero oferecer ao nosso pessoal uma sobremesa. Vá até a barraca de frutas e verifique se eles têm abacaxi.

Em oito minutos o rapaz estava de volta.

— E então? — perguntou o patrão.

— Eles têm abacaxi, sim. Têm em quantidade suficiente. E, se o senhor quiser, eles têm laranja e banana.

— E o preço? — indagou o patrão.

— Bom, o abacaxi é vendido a nove reais o quilo, a banana, a três reais, e a laranja, a quarenta reais o cento, já descascadas. Deixei reservado o abacaxi. Caso o senhor resolva, é só confirmar que eles entregam.

O patrão agradeceu e dispensou o rapaz. Voltou-se para o funcionário que estava sentado na cadeira ao lado e perguntou:

– Você falou alguma coisa quando entrou na minha sala hoje... O que era mesmo?

– Não era nada, pode esquecer – disse o funcionário.

Essa história é um bom exemplo: antes de pensarmos em injustiças no trabalho, precisamos verificar se realmente estamos fazendo por merecer.

O SEGREDO
DA FELICIDADE

Existe uma história antiga, muito interessante, sobre os deuses e a felicidade. Conta que os deuses tinham muito medo de que o ser humano fosse perfeito. Pois, se assim fosse, não precisaria mais deles. Resolveram se reunir para decidir o que fazer. O mais sábio dos deuses disse:

– Vamos dar ao homem tudo o que pudermos, menos o segredo da felicidade.

– Mas, se os humanos são tão inteligentes, vão acabar descobrindo esse segredo também! – disseram os outros deuses em coro.

– Não, isso não vai acontecer – disse o sábio. – Vamos esconder a felicidade num lugar onde eles nunca vão achar: dentro deles mesmos.

A felicidade está dentro de cada um. É preciso que você saiba como encontrá-la. É um erro ficar procurando por ela à sua volta. A atitude é fundamental nessas horas. Se você não está fazendo o que gosta de fazer, acordar todos os dias pela manhã vai se tornar cada vez mais difícil, e isso é um grande problema num mundo cada vez mais competitivo. Você precisa amar o que faz, senão, já acorda em desvantagem.

Tem um ditado oriental que diz: "Se você quer saber como foi seu passado, olhe para quem você é hoje. Se quer saber como vai ser seu futuro, olhe para o que está fazendo hoje".

Passe pelos obstáculos
de maneira mais eficiente e suave

Em vez de você ficar se debatendo para resolver os problemas que acontecem durante um dia de trabalho, encare cada questão como um quebra-molas. Um quebra-molas é aquela pequena lombada numa estrada, feita para chamar a sua atenção e reduzir a velocidade. Dependendo de como nos aproximamos e lidamos com a lombada, podemos ter uma experiência desagradável, desconfortável e até mesmo danosa. Ou você pode fazer simplesmente uma desaceleração temporária e passar suavemente pela lombada... E mais nada.

Agora, se você pisar no acelerador e se agarrar ao volante, vai atingir o quebra-molas com uma trombada. Seu carro e até você podem se machucar. Os problemas podem ser encarados sob um ponto de vista semelhante: podemos ficar irritados com eles, reclamar com outras pessoas e aumentar a questão. Se você pensa nos problemas como um quebra-molas, eles passam a ser muito diferentes. Ao perceber a questão, você desacelera, amortece o choque, fazendo com que o problema seja menos significativo. Então, calmamente, toma a decisão com maior probabilidade de fazer com que você passe pelo obstáculo de maneira mais eficiente e suave.

Pense bem: não há lógica em entrar em pânico e tratar cada problema como se fosse um grande desastre.

Use a metáfora do quebra-molas para enfrentar os problemas no seu dia a dia.

Quanto mais ideias você tiver para trabalhar, mais provavelmente chegará à melhor solução

Ouvir as sugestões que os funcionários têm para a solução de determinado problema é como reunir um grupo de pessoas para fazer uma escultura.

Cada qual tem um punhado de argila e coloca sobre a mesa da reunião. Essas porções de barro são amontoadas sobre um arcabouço e, daí em diante, a escultura passa a ser torneada, retocada, modificada, expandida e alterada até o grupo concordar quanto à sua forma final. É muito importante encorajar os funcionários a dar ideias para poder introduzir melhorias nos processos. Incentivando a prática de fazer reuniões para ouvir as sugestões dos empregados, aos poucos você vai criando um clima de desinibição que ajuda a encorajar as pessoas a produzirem pensamentos criativos. Mas cuidado para não inibir a produção de ideias decidindo apressadamente, de forma impulsiva e equivocada.

Quanto mais sugestões você tiver para trabalhar, mais provavelmente chegará à melhor solução. É tão simples como quando você vai comprar um casaco ou uma blusa. Você não costuma ficar com o primeiro que vê. Examina uma série deles, depois avalia e decide. Essa é a maneira natural de agir ao fazer compras. E é também a que deveríamos adotar para selecionar uma ideia.

Evite fazer observações negativas

Há pessoas que, quando apresentamos um projeto ou uma nova proposta de trabalho, sempre encontram algum defeito e impedem que a ideia seja implantada.

Construir uma estrada de ferro é uma complexa proeza de engenharia que exige imaginação, muito conhecimento, inteligência e talento. Entretanto, uma única pessoa pode descarrilar um trem, bastando retirar um só trilho do lugar. Retirar um trilho não constitui um ato particularmente brilhante, mas seu resultado é imediato e devastador.

Uma pessoa que pensa de forma negativa pode descarrilar uma proposta inteira, concentrando-se apenas numa pequena fração dela. Mostrando que uma única parte do conjunto é absurda, ela insinua que a totalidade também não é válida. Destruindo apenas uma parcela, a pessoa pode destruir o todo e ter a sensação de vitória sem precisar gastar o tempo e o esforço necessários para criar algo.

Evite fazer observações negativas. Se você tem agido assim, está na hora de mudar. Quando você colabora e incentiva as ideias dos outros, ajuda a canalizar energias numa direção construtiva, onde todos só têm a ganhar.

O BOM CONSULTOR NÃO É AQUELE QUE DÁ RESPOSTAS CERTAS, MAS AQUELE QUE FAZ PERGUNTAS CERTAS

Certa vez, um pastor estava tomando conta de suas ovelhas à beira da estrada. Então chegou um homem bem apresentado e perguntou ao pastor:

– Se eu adivinhar quantas ovelhas você tem aí, você me dá uma?

O pastor olhou para o homem, olhou para aquele monte de ovelhas pastando ao sol e disse:

– Está certo, se o senhor adivinhar quantas ovelhas existem no meu rebanho eu dou uma para o senhor.

O homem foi até o carro, ligou seu laptop, entrou num site da Nasa, gerou um banco de dados, uns cinquenta gráficos em Excel cheios de matrizes e determinantes, mais uma planilha de 150 páginas. Virou para o pastor e disse:

– O senhor tem 1.343 ovelhas aí no pasto.

O pastor respondeu:

– O senhor acertou em cheio, pode pegar a sua ovelha.

O homem foi lá, pegou a ovelha e a colocou na traseira da sua caminhonete. Então o pastor disse:

– Se eu adivinhar a sua profissão, o senhor me devolve a minha ovelha?

O homem respondeu:

– Claro que devolvo.

O pastor disse prontamente:

– O senhor é consultor, não é?

– Como o senhor adivinhou? – perguntou o sujeito.

– Foi fácil – disse o pastor. – Primeiro, porque o senhor veio aqui sem eu o ter chamado; segundo, porque me cobrou uma ovelha para me dizer o que eu já sabia; e, terceiro, porque não entende nada do meu negócio, pois acabou pegando o meu cachorro no lugar da ovelha.

Essa história nos mostra, de forma bem-humorada, que um bom consultor não é aquele que dá respostas certas, mas aquele que faz perguntas certas.

Devemos ser pacientes com os mais novos

Quando plantamos uma flor – suponhamos, uma rosa –, ela fica dormindo muito tempo sob a terra e ninguém fica criticando, dizendo: "Você não tem raízes profundas" ou "Falta entusiasmo na sua relação com o campo". Ao contrário, nós a tratamos com paciência, água e adubo. Quando a semente se transforma em muda, não passa pela cabeça de ninguém condená-la como frágil, imatura, incapaz de nos brindar imediatamente com as flores que estamos esperando. Ficamos, na verdade, maravilhados com o processo do nascimento das folhas, seguido dos botões e, no dia em que as flores aparecem, nosso coração se enche de alegria. Entretanto, uma flor é uma flor desde o momento em que nasce até seu período de esplendor, e termina murchando e morrendo. A cada estágio que atravessa – semente, broto, botão, flor –, expressa o melhor de si.

Os funcionários, principalmente os mais novos, quando entram na empresa, se assemelham a mudas de plantas. Temos de ser pacientes com eles. Eles estão em constante mutação e passam por vários estágios: vamos aprender a reconhecê-los antes de criticar a lentidão de suas mudanças.

Não desperdice
energias preciosas

Para muitas pessoas, basicamente só existem duas velocidades: rápido e mais rápido. Parece que, na maior parte do tempo, estamos correndo para cima e para baixo, nos movendo muito rápido, fazendo três ou quatro coisas ao mesmo tempo. Muitas vezes, só estamos prestando atenção parcialmente ao que fazemos ou nas pessoas que trabalham conosco. Sempre continuamos cheios de coisas para fazer. Quando estamos correndo, fica difícil determinar o que é realmente mais importante, porque estamos preocupados em deixar tudo pronto e, assim, sequer paramos para pensar no que é na verdade prioritário. Desperdiçamos energia preciosa e a tendência é cometermos erros. E é fácil ficarmos estressados, tensos e nos irritarmos por qualquer besteira que aconteça.

Se você está nesse ritmo, veja se consegue fazer um esforço consciente para desacelerar, tanto os seus pensamentos como as suas ações. Se conseguir, vai ter uma agradável surpresa. Vai descobrir que, apesar do ritmo mais lento, você vai ficar mais relaxado e muito mais eficiente. O motivo de isso acontecer é que você recupera a sua compostura e passa a ser capaz de ver o quadro das situações com mais clareza e amplidão. Tente fazer as coisas com mais calma. Você vai ser capaz de antever e solucionar problemas, em vez de envolver-se em tantos deles.

Renove a cada dia suas relações pessoais

Nem sempre a empatia é um assunto levado a sério nas relações pessoais e profissionais. No entanto, é um fator crucial para o sucesso. Empatia é se colocar no lugar do outro; se sentir na pele do outro. Ela auxilia você a se tornar um negociador melhor, estabelecendo relacionamentos de confiança mais duradouros. Ajuda a ser uma pessoa mais sábia, mais honesta e mais íntegra.

Muitas pessoas não se preocupam em estabelecer empatia e se tornam até desagradáveis quando estão negociando alguma coisa. Agem apressadamente, oferecendo algo de que o outro não necessita, e o tiro sai pela culatra. É preciso lembrar que empatia não é algo que você estabelece uma vez e, a partir daí, dura para sempre. Pelo contrário, é necessário fortalecer o contato com as pessoas continuamente, verificando sempre se você está em sincronia com os outros. A melhor maneira de estabelecer empatia com alguém é partir do princípio de que você não o fez ainda.

Em outras palavras: não fique tranquilo achando que simplesmente porque você conhece alguém ou já fez negócio com essa pessoa antes, a ligação está madura. Renove a cada dia as suas relações com seus clientes. E atenção: esteja mais interessado em ouvir do que em falar.

Veja além dos papéis que as pessoas representam

Todos nós temos a tendência de ver as pessoas em seu trabalho de acordo com os papéis que representam, em vez de nos lembrarmos do indivíduo que está por trás do papel. Um padeiro tem sua vida própria, as histórias e os dramas pessoais com os quais precisa lidar. A aeromoça está cansada e não vê a hora de chegar em casa. O frentista que coloca gasolina em nosso carro tem uma família, inseguranças e problemas próprios também. A executiva da grande empresa provavelmente discute com o marido e tem várias questões pessoais para resolver. Sua secretária tem amigos e filhos como você. Seja a sua equipe ou o seu chefe, todos são iguais: estamos juntos nessa empreitada.

Quando você vê as pessoas como seres humanos e seus papéis ocupam um segundo lugar, elas percebem isso e notam a profundidade da relação. Em outras palavras, elas veem você sob um prisma diferente, muitas vezes passam a tratá-lo melhor, a ouvi-lo, a prestar-lhe favores que outros não recebem.

Quando você consegue ver além dos papéis que as pessoas desempenham, também se abre para relacionamentos mais ricos, fortalecedores e genuínos.

Cada pessoa com que você entra em contato tem sentimentos como tristeza, alegria, medos e todo o resto.

Saber e lembrar disso pode transformar sua vida de maneira simples, mas poderosa.

Não transforme um pequeno problema em um desastre

Um gerente, certa vez, tomou para si os créditos por algo que ele não tinha feito. Como resultado, o funcionário, que por direito merecia os créditos, ficou magoado e zangado, como era de se esperar. Outras pessoas se envolveram na questão e muita energia foi desperdiçada. Demorou para o gerente cair em si e ver que ele estava errado. Quando isso aconteceu, ele não teve dúvidas em ligar para a pessoa e pedir desculpas pelo ocorrido. O funcionário aceitou com gratidão o pedido de desculpas. Afinal, tudo que ele queria era o reconhecimento do seu trabalho e esse pedido de desculpas do gerente.

Sempre haverá ocasiões em que você cometerá erros, será exagerado nas suas colocações, provavelmente ofenderá alguém, se meterá onde não é chamado e assim por diante. Ainda estou por conhecer quem esteja isento desses fatos tão humanos da vida. A questão mais importante, portanto, não é se você já deu alguma mancada, mas quão rapidamente corrigiu a mancada que deu.

Se não tomarmos cuidado, poderemos transformar um pequeno problema num grande desastre. Isso acontece se adotarmos uma postura rígida e inflexível e nos recusarmos a nos desculpar.

Quanto mais cedo você corrigir o seu erro, menos estressante será a sua vida profissional.

Permita que seus funcionários usem a inteligência

Um gerente, amigo meu, contou-me um fato pitoresco que aconteceu com ele quando ainda era estagiário.

Ele fazia estágio numa grande empresa, no departamento de contabilidade. Estava aprendendo a fazer a contabilização das despesas e seu chefe lhe entregou uma nota fiscal de compra de água e disse que era para lançar na conta Gêneros Alimentícios. Ele assim o fez... No outro dia, o chefe entregou uma nota de compra de gelo e lhe disse para lançar na conta Gastos Gerais. Ele estranhou e perguntou ao chefe por que a compra de água era lançada na conta Gêneros Alimentícios e a de gelo, na conta Gastos Gerais. E o chefe lhe disse:

– Sabe por que estou aqui há trinta anos? Porque nunca fiz essa pergunta para ninguém. Portanto, não pergunte mais e lance a despesa como estou dizendo!

Hoje, ele lembra o fato de forma divertida e até como se fosse uma anedota. Contudo, a rigor, a cena reflete um comportamento antigo e ultrapassado, mas que infelizmente ainda existe em diversas empresas.

Há muitas pessoas que simplesmente dão ordens para que sejam cumpridas e não aceitam que se discorde delas. O mundo mudou e as pessoas não aceitam mais esse tipo de postura. Se você está na função de gerente ou diretor, permita que seus subordinados usem a inteligência e questionem as suas orientações. Na maioria das vezes, você vai estar certo, mas em muitas ocasiões vai ver que eles estão com a razão.

O bom é inimigo do ótimo

Na maioria das empresas sempre há mais trabalho a ser feito do que tempo para fazê-lo. Se você olhar à sua volta, vai notar que todo mundo está no mesmo barco. As coisas são assim. O trabalho é projetado para passar na sua mesa um pouco mais rápido do que você é capaz de completá-lo. Se observar com mais atenção, vai notar que é um fato que ocorre com todos, e não apenas com você.

Se você trabalhasse duas vezes mais rápido, nada mudaria no sentido de deixar tudo pronto. À medida que você trabalhar mais rápido e com mais eficiência, vai perceber que uma quantidade maior de trabalho chegará às suas mãos. E é assim mesmo. Para você crescer e ser vitorioso junto com a empresa, sempre vai ter de trabalhar mais rápido e com mais qualidade. Se fizer devagar, vai estar fadado à acomodação. Mas você não deve se angustiar com o fato de ter sempre trabalho e cada vez mais. Talvez você precise ser menos perfeccionista. Os perfeccionistas sofrem quando a qualidade do trabalho que fazem não está boa o suficiente, de acordo com o seu ponto de vista.

Seja exigente com o seu trabalho e com a qualidade final, mas não faça disso um tormento. Não perca o sono porque o trabalho não vai estar como você quer, porque na maioria dos casos não vai estar mesmo e você tem de aceitar isso e dar andamento aos outros serviços.

Trabalhe rápida e objetivamente e lembre-se de que o bom é inimigo do ótimo.

As pessoas vivem melhor quando têm objetivos de vida claros

Outro dia fui solicitado a fazer um exercício que achei muito interessante. É o seguinte:

Durante dois minutos escreva em um papel os seus objetivos de vida. Depois de escrevê-los, você tem mais dois minutos para revisar os objetivos que escreveu. Bom, agora que já revisou, pense nos seus próximos três anos de vida. O que pretende fazer de importante? Você tem mais dois minutos para concluir essa tarefa. Assim que a concluir, você vai imaginar que só tem seis meses de vida. O que faria de importante nesse tempo?

Faça esse exercício e verifique se o que você escreveu como seus objetivos de vida são realmente acontecimentos importantes. Será que são coisas pelas quais vale a pena tanto sacrifício? Eu tive muita surpresa quando fiz o exercício. E para ser franco, até me reposicionei em relação a coisas que achava importantes, mas que, após uma reflexão maior, percebi não serem tão importantes assim. Estavam longe de ser um objetivo de vida.

Às vezes, exercícios simples como esse nos ajudam a dar uma parada no tempo alucinante em que vivemos e a colocar as coisas que são efetivamente importantes nos seus devidos lugares. Coisas simples, como família, amor e amigos.

A ROTINA ATRASA O SEU DESENVOLVIMENTO

Um lenhador era famoso pela sua força e habilidade para cortar árvores. Ele entrou para uma empresa e, no início, se destacava dos demais lenhadores. O tempo foi passando e, gradativamente, o lenhador foi reduzindo a quantidade de árvores que derrubava. Um dia, se nivelou aos demais e, logo depois, encontrava-se entre aqueles que menos produziam...

O capataz, que apesar da sua rudeza era um homem vivido, chamou o lenhador e o questionou sobre o que estava ocorrendo.

– Não sei – ele respondeu. – Nunca me esforcei tanto e, apesar disso, minha produção está decaindo.

Quando o capataz olhou para o machado do lenhador, viu que estava cheio de dentes e sem fio de corte, e perguntou ao lenhador:

– Por que você não afiou o machado?

Surpreso, o lenhador respondeu que estava trabalhando muito e, por isso, não tinha tido tempo de afiar a sua ferramenta de trabalho. O capataz ordenou que o lenhador amolasse o machado imediatamente. Quando retornou à floresta, com o machado amolado, percebeu que tinha voltado à forma antiga, que conseguia derrubar as árvores com uma só machadada.

Muitos de nós, preocupados em executar nosso trabalho, ou, pior ainda, julgando que já sabemos tudo o que é preciso saber, deixamos de "amolar o nosso machado", ou seja, deixamos de atualizar nossos conhecimentos. A experiência não é a repetição monótona do mesmo trabalho, e sim a busca incessante de novas soluções, tendo coragem de correr os riscos que possam surgir. É preciso empenhar tempo para afiar o nosso machado.

A QUALIDADE DEPENDE DA PARTICIPAÇÃO DE TODOS

Havia um pequeno vilarejo que se dedicava à produção de vinho. Uma vez por ano, acontecia uma grande festa para comemorar o sucesso da colheita. A tradição exigia que, nessa festa, cada morador do vilarejo trouxesse uma garrafa do seu melhor vinho, para colocar dentro de um grande barril, que ficava na praça central.

Um dos moradores pensou: "Por que deverei levar uma garrafa do meu mais puro vinho? Levarei água, pois no meio de tanto vinho, o meu não fará falta". Assim pensou e fez. Conforme o costume, em determinado momento, todos se reuniram na praça, cada um com sua caneca para provar aquele vinho, cuja fama se estendia muito além das fronteiras do país. Contudo, ao abrir a torneira, um absoluto silêncio tomou conta da multidão. Do barril saiu apenas água! "A ausência da minha parte não fará falta" foi o pensamento de cada um dos produtores.

Muitas vezes somos conduzidos a pensar: "Existem tantas pessoas nesta empresa! Se eu não fizer a minha parte, isso não terá a mínima importância...". É com esse tipo de pensamento que a empresa não cresce e todos "bebem água em vez de vinho".

Faça acontecer!

Quase não existe diferença visível entre o atleta vencedor e o que chega por último. Ambos possuem o mesmo número de músculos para trabalhar. Ambos jogam com as mesmas regras e usam equipamentos semelhantes. Porém, o vencedor é o que tem a determinação de vencer. O vencedor é aquele que faz o que é preciso, treina dia após dia, esforça-se um pouco mais a cada treino, é capaz de visualizar sua passagem pela linha final à frente dos demais. Fazendo uma analogia com a área de vendas, tanto o melhor vendedor pago quanto aquele que raramente realiza uma venda possuem os mesmos talentos e recursos. A diferença está no que eles fazem com o que têm. Pense também nos escritores: tanto o escritor que mais vende quanto o que nunca publicou nada possuem o mesmo dicionário cheio de palavras para trabalhar.

A diferença está no que eles fazem com o que têm. Você já possui a matéria-prima para o sucesso e a realização. Tem o necessário para atingir a grandiosidade em tudo que quiser. Traz dentro de si o potencial para conquistas extraordinárias. Ninguém é mais nem menos equipado para o sucesso do que você. Mas é você quem deve fazê-lo acontecer, quem precisa assumir o compromisso e realizar o que for necessário para atingir a grandiosidade de que é capaz.

Você tem o que é preciso. Faça acontecer!

Tipos de chefes que estão por aí

Será que seu chefe se parece com algum destes? Vamos ver...

Tem o Chefe Abelha, que sempre faz cera e se levanta só para ferrar os outros. Depois, há o Chefe Caranguejo, que só faz o serviço andar para trás. O Chefe Chiclete é aquele que não desgruda! O Chefe Disco Quebrado não se toca nunca e o Chefe Disco Velho só chia. Tem também o Chefe Doril: surgiu problema? Sumiu... Chefe Fósforo esquenta a cabeça por pouco. Chefe James Bond vive espionando as pessoas no trabalho. O Chefe Jóquei sempre cai do cavalo. O Chefe Limão está constantemente azedo. E o Chefe Lombardi? Só fala por trás! O Chefe Morcego só aparece no fim do expediente. O Chefe Orelha é aquele que só fica na escuta... Chefe Papai Noel só enche o saco de todos. O pior é o Chefe Peixe: na hora do aumento, nada! O Chefe Prego, coitado, só leva na cabeça. E, por último, o mais comum de todos, o Chefe Sorvete: se derrete todo quando vê o diretor.

Será que o seu chefe tem algum desses comportamentos? Se tiver, não perca a calma e mantenha o bom humor.

O PODER
QUE OFUSCA

Um jovem muito rico foi ter com um sábio e lhe pediu um conselho para orientar sua vida. O velho experiente conduziu o rapaz até uma janela e lhe perguntou:

– O que você vê através dos vidros?

– Vejo homens que vão e vêm e um cego pedindo esmolas na rua.

Então, o sábio mostrou um grande espelho e novamente falou:

– Olhe agora o espelho e me diga o que você vê.

– Vejo a mim mesmo – disse o rapaz.

E o sábio explicou:

– Repare que a janela e o espelho são ambos feitos da mesma matéria-prima, que é o vidro. No entanto, no espelho há uma fina camada de prata colada sob o vidro e isso faz com que, ao olhar para ele, você veja apenas a sua imagem.

Em certas ocasiões, algo semelhante ocorre nas empresas. Quando está na condição de simples funcionário, o indivíduo se porta como o vidro simples: enxerga os problemas dos outros e até sente compaixão por eles. Mas quando está coberto pela prata, rico de poder, por exercer um cargo de chefia, esse mesmo indivíduo só enxerga a si mesmo. Essa é uma armadilha fácil de se cair. Para evitá--la, procure sempre lembrar desses dois tipos de vidro. Cuidado para que o revestimento de prata, ou seja, o poder do cargo, não o impeça de conhecer melhor os seus funcionários e de ver com transparência a realidade da sua empresa ou do seu setor.

O QUE FAZER PARA MOTIVAR PESSOAS

Alguns aspectos que sempre são mencionados pelos funcionários quando são pesquisados sobre motivação no trabalho:

- Reconhecer e valorizar suas realizações.
- Confiar e delegar responsabilidades adequadamente.
- Definir as metas com clareza.
- Desenvolver estilo de gerência flexível.
- Envolver as pessoas nas definições dos processos produtivos.
- Saber dar e receber *feedback*.
- Ser receptivo a sugestões.
- Conhecer o potencial e as limitações de cada um.
- Ser tolerante e paciente com as limitações das pessoas.
- Procurar desenvolver continuamente a equipe.
- Estabelecer um relacionamento aberto e franco.
- Usar uma linguagem adaptada ao nível das pessoas e das ocasiões.
- Preocupar-se sinceramente com as pessoas.

Se pelo menos uma dessas práticas for adotada por um gerente, com certeza os seus funcionários ficarão mais motivados e mais comprometidos com o trabalho. Eleja uma delas e pratique.

SE QUISER QUE ALGO MELHORE, CONCENTRE O FOCO

Um estudante de artes marciais aproximou-se de seu mestre e disse:

– Eu gostaria muito de ser um grande lutador de caratê, mas penso que deveria também me dedicar ao judô, de modo a conhecer muitos estilos de luta. Só assim poderei ser o melhor entre todos os atletas.

E o mestre respondeu:

– Se um homem vai para o campo e começa a correr atrás de duas raposas ao mesmo tempo, vai chegar um momento em que cada uma correrá para um lado e ele ficará indeciso sobre qual deve continuar perseguindo. Enquanto decide, ambas já estarão longe e ele terá perdido seu tempo e energia.

Certos gerentes sentem uma dificuldade enorme quando têm de priorizar os projetos a serem trabalhados. Lembro-me de um caso em que a diretoria da empresa terminou a reunião com uma lista de dezessete itens para melhorar. Para mim não foi surpresa constatar, um mês depois, que nenhum dos itens listados havia sido objeto de qualquer ação específica por parte da própria diretoria. Durante meses, os problemas só se acumularam até que se resolveu tratar apenas um assunto de cada vez. Aí os resultados apareceram.

Quando a nossa atenção fica muito dividida, não nos concentramos no que é realmente importante e terminamos gastando tempo e energia de forma ineficiente. Se quisermos que algo melhore, devemos concentrar nosso foco em poucas coisas – duas ou três mais importantes – até conseguir o resultado desejado.

Atenção aos
pequenos detalhes

Depois de dez anos de estudos, um discípulo achava que já podia ser elevado à categoria de mestre. Resolveu visitar o seu professor. Ao entrar na casa do mestre, este lhe perguntou:

– Você deixou seu guarda-chuva e seus sapatos do lado de fora?

– Evidentemente – respondeu o rapaz. – É o que manda a boa educação e o nosso costume. Eu agiria dessa maneira em qualquer outro lugar.

– Então me diga: você colocou o guarda-chuva do lado direito ou do lado esquerdo dos seus sapatos?

– Não tenho a menor ideia – respondeu o rapaz.

E o professor falou com toda segurança:

– Para ser mestre você precisa ter consciência total do que faz. A falta de atenção aos pequenos detalhes pode destruir por completo a vida de um homem. Um pai que sai correndo de casa nunca pode esquecer um punhal ao alcance de seu filho pequeno. Um guerreiro que não olha todos os dias a sua espada, terminará encontrando-a enferrujada quando mais precisar dela. Um jovem que esquece de dar flores a sua namorada, acaba por perdê-la.

Às vezes, na empresa, fazemos as coisas há tanto tempo e tão mecanicamente que nem percebemos a forma como as executamos. Um funcionário que, por se achar competente, não coloca a sua atenção no que faz, acaba cometendo erros e causando prejuízos para a empresa e para os clientes. Não confie tanto na sua memória e na sua experiência.

Fique aberto
ao novo

No circo, os treinadores de elefantes adotam o seguinte procedimento para que os animais não se rebelem: o bebê elefante é amarrado, com uma corda muito grossa, a uma estaca firmemente cravada no chão. Ele tenta se soltar várias vezes, mas não tem força suficiente para tal. Depois de um ano, a estaca e a corda ainda são resistentes o bastante para manter o pequeno elefante preso. Ele continua tentando se soltar, sem sucesso. Então, o animal passa a pensar que a corda sempre será mais forte que ele e desiste de suas iniciativas. Quando chega a idade adulta, o elefante ainda se lembra que, por muito tempo, gastou energia à toa tentando sair do seu cativeiro. A essa altura, o treinador pode amarrá-lo com um pequeno fio a um cabo de vassoura que ele não mais tentará buscar a liberdade.

A atitude de certos funcionários assemelha-se a essa história do bebê elefante. Por causa de experiências malsucedidas no passado, passam a entender que todas as iniciativas para tentar algo novo estarão também fadadas ao fracasso. Se você está numa empresa e ela está tentando algo novo, liberte-se das experiências passadas e fique aberto ao novo. Não haja como o elefante, que não raciocina e vive em função de um condicionamento adquirido. Procure hoje mesmo integrar-se ao processo de mudança.

Nunca despreze a experiência dos mais velhos

Um velho caçador de raposas, o melhor da região, resolveu se aposentar. Sabendo disso, um jovem rapaz pediu para que o velho caçador ensinasse a ele as suas técnicas de caça. Em troca dos ensinamentos, o rapaz pagaria o preço correspondente em moedas de ouro. O velho concordou. Assinaram um contrato e o velho ensinou ao jovem todas as técnicas e todos os segredos da caça à raposa.

Com o que recebeu, o velho comprou uma bela casa e não mais precisou se preocupar com dinheiro para sobreviver. Tempos depois, resolveu voltar à aldeia para rever os amigos. Lá chegando, cruzou na rua com o jovem que resolvera, meses antes, pagar uma fortuna pelos seus segredos e pela sua técnica de caçar raposas.

– E então? – perguntou ao jovem. – Como foi a temporada de caça?

– Não consegui pegar uma só raposa – respondeu o rapaz.

O velho ficou surpreso e confuso:

– Mas você seguiu meus conselhos?

Com os olhos baixos o rapaz falou:

– Bem, na verdade não segui. Achei que seus métodos eram ultrapassados e terminei descobrindo, por mim mesmo, uma maneira melhor de caçar raposas.

O espírito empreendedor e a criatividade são atributos essenciais para o progresso individual. Mas, por mais brilhante que esteja sendo a sua carreira na empresa, nunca despreze a experiência dos mais velhos.

Aprenda a pensar e a agir por si mesmo

Se você está procurando crescer, observe os outros, mas jamais procure agir exatamente como eles. Cada pessoa tem um caminho diferente nesta vida. Não nos transformamos em mestres porque sabemos repetir o que os mestres fazem, mas porque aprendemos a pensar por nós mesmos. Descubra sua própria luz ou passará o resto da vida sendo um pálido reflexo da luz alheia.

Esse princípio de vida é fundamental para o seu crescimento profissional dentro de uma empresa. Até que ponto você deve pedir ajuda ao seu gerente ou diretor? Até que ponto o seu comportamento não está fazendo com que você seja apenas uma sombra no seu ambiente de trabalho e, quem sabe, também na vida familiar?

Assumir a responsabilidade pelo que faz e sentir-se seguro para tomar as próprias decisões é um processo de aprendizado que deve ser praticado. É importante que você siga o exemplo das pessoas a quem respeita, confia e admira, mas vai chegar o momento em que você terá de ser você mesmo e tomar as próprias decisões. Só assim poderá crescer e descobrir a sua capacidade! Você não vai se transformar em gerente porque copia o que o seu gerente faz. É preciso que aprenda a pensar e a agir por si mesmo.

O EQUILÍBRIO ENTRE O TRABALHO E O DESCANSO

Conta a história que um arqueiro caminhava pelas redondezas de um mosteiro quando viu alguns monges no jardim bebendo e se divertindo. Não se contendo, o arqueiro falou para os monges:

– Como vocês são cínicos! Dizem que a disciplina é importante e ficam bebendo escondido!

Ouvindo isso o monge mais velho perguntou ao arqueiro:

– Se você disparar cem flechas seguidas, o que acontecerá com o seu arco?

– Meu arco se quebrará – respondeu o arqueiro.

E o monge completou:

– Se alguém se esforça além dos próprios limites, também quebra sua vontade; quem não equilibra trabalho com descanso perde o entusiasmo, esgota energia e não chega muito longe. Portanto, faz bem nos divertirmos um pouco, além de trabalhar!

Seja o mais humilde trabalhador ou o mais graduado gerente, todos têm de buscar o equilíbrio entre o trabalho e o descanso, pois se não o fizerem, esgotarão suas energias e não chegarão muito longe. Algumas pessoas chegam a passar três anos sem tirar férias. Até mesmo os mais santos precisam contrabalançar trabalho e lazer.

Comporte-se
conforme o ambiente

Um pastor caminhava com um monge quando foram convidados para comer. O dono da casa, honrado pela presença dos padres, mandou servir o que havia de melhor. Entretanto, o monge estava no período de jejum; assim que a comida chegou, pegou apenas uma ervilha e mastigou-a lentamente. Comeu só essa ervilha durante todo o jantar. Na saída, o pastor o chamou:

– Irmão, quando for visitar alguém, não torne a sua santidade uma ofensa. Da próxima vez que estiver em jejum, não aceite convites para jantar.

O monge entendeu o que o pastor quis dizer. A partir daí, sempre que estava com outras pessoas, comportava-se como elas.

Às vezes, na empresa, ocorre algo semelhante com relação à participação do gerente nas reuniões. Ele participa da reunião com o intuito de ouvir a palavra dos funcionários, mas a forma como se comporta faz com que os funcionários "não se aproximem" dele. Ficam calados, inibidos e até com medo de expressar uma opinião sincera. Se você realmente quiser ouvir as contribuições dos funcionários, quebre as barreiras que normalmente são levantadas devido à hierarquia e ao poder do seu cargo. Mas não se iluda; a mudança terá de partir de você.

Não imagine
regras inexistentes

Conta a lenda que um homem andava à procura da justiça e foi até o Palácio da Lei. Diante da porta do palácio, havia um soldado montando guarda. Como a sentinela não lhe dirigiu nenhuma palavra, o homem resolveu esperar. Esperou um dia inteiro, mas o guarda continuou mudo.

"Se eu ficar por aqui, ele perceberá que eu quero entrar", pensou o homem. E ali permaneceu.

Passaram-se dias, semanas e anos inteiros. O homem continuou diante da porta e a sentinela continuou montando guarda. Os anos passaram, o homem envelheceu e já não conseguia se mover. Finalmente, quando notou que a morte se aproximava, reuniu suas últimas forças e perguntou ao guarda:

— Eu vim até aqui em busca de justiça. Por que você não me deixou entrar?

— Eu não o deixei? – respondeu, surpreso, a sentinela. – Você nunca me disse o que estava fazendo aí! A porta estava aberta, bastava empurrá-la. Por que você não entrou?

Em certas ocasiões, criamos regras que não existem. São apenas suposições. Comunique-se mais na empresa e questione as regras que, supostamente, existem em sua cabeça.

Aprenda a respeitar e a valorizar as diferenças

Um mestre viajava com seus discípulos quando soube que, numa aldeia, vivia um menino muito inteligente. O mestre foi até lá conversar com ele e, brincando, perguntou:

– Que tal se você me ajudasse a acabar com as desigualdades?
– Por que acabar com as desigualdades? – disse o menino. – Se achatarmos as montanhas, os pássaros não terão mais abrigo. Se acabarmos com a profundidade dos rios e dos mares, todos os peixes morrerão. Se o louco tiver a mesma autoridade que o chefe da aldeia, ninguém se entenderá direito. O mundo é muito vasto, é melhor deixá-lo com suas diferenças.

Os discípulos saíram dali impressionados com a sabedoria do menino. Nas empresas as pessoas não são iguais, portanto, algumas têm mais limitações que outras. Precisamos reconhecer isso e respeitar as diferenças, tirando o maior proveito possível das coisas boas que cada um tem.

Construa o seu caminho sem se preocupar com o louvor ou o desprezo dos outros

Muitas pessoas fazem de tudo para agradar ao chefe, mas ele parece não dar importância, apesar de todos os esforços.

Um aluno perguntou a um padre qual a melhor maneira de agradar a Deus. O padre disse:

– Vá até o cemitério e insulte os mortos.

O aluno fez o que foi ordenado. No dia seguinte, ao se encontrar com o aluno, o padre perguntou:

– Você insultou os mortos? O que eles responderam?

O aluno disse que os mortos não responderam nada.

– Então vá até lá e faça elogios a eles.

O rapaz obedeceu. Naquela mesma tarde, voltou até o padre, que de novo quis saber se os mortos haviam respondido.

– Não – disse o aluno. – Não responderam nada.

– Então tome isso como lição: para agradar ao Senhor, comporte-se da mesma maneira. Não conte nem com o desprezo dos homens nem com seus louvores; dessa forma, você pode construir seu próprio caminho.

Portanto, construa o seu próprio caminho na empresa e não se preocupe tanto em obter reconhecimento. Faça por ter prazer em fazer, independentemente de receber ou não elogios.

Hábitos e costumes
ultrapassados impedem
a mudança

Conta a lenda que, em certa região, as árvores estavam morrendo e as frutas eram muito raras. Um profeta chamou um representante do povo e disse:

– Cada pessoa só pode comer uma fruta por dia.

O costume foi obedecido por gerações e a ecologia do local foi preservada. Como as frutas restantes davam sementes, outras árvores surgiram. Em breve, toda aquela região transformou-se num solo fértil, invejado pelas outras cidades. O povo, porém, continuava comendo uma fruta por dia, fiel à recomendação que um antigo profeta tinha passado aos seus ancestrais. Além do mais, o povo do local não deixava que os habitantes das outras aldeias aproveitassem a farta colheita que acontecia todos os anos. O resultado era um só: as frutas apodreciam no chão.

Um novo profeta surgiu e falou para o representante do povo:

– Deixe que comam as frutas que quiserem. E peça que dividam a fartura com seus vizinhos.

O representante chegou à cidade com a nova mensagem, mas terminou sendo apedrejado, já que o costume estava arraigado no coração e na mente de cada um dos habitantes. Com o tempo, os jovens da aldeia começaram a questionar aquele costume bárbaro. E, como a tradição dos mais velhos era intocável, resolveram afastar-se da religião. Assim, podiam comer quantas frutas quisessem e dar o restante para os que necessitavam de alimento. No antigo local só ficaram as pessoas incapazes de enxergar que o mundo se transforma e que devemos nos transformar com ele.

Fazendo a relação dessa história com o que se passa na empresa, percebemos que devemos estar menos atrelados a hábitos e rotinas já ultrapassados e mais abertos para ouvir as sugestões de mudanças vindas dos funcionários mais novos.

Verifique os processos de trabalho. Eles podem ser os culpados!

Um casal saiu de férias e, ao voltar, encontrou a casa arrombada. Os ladrões tinham levado tudo que havia dentro. O marido acusou a mulher, dizendo que as trancas não tinham sido colocadas. Ela afirmou que ele esquecera de fechar a porta com a chave. Uma longa discussão começou, até que os vizinhos chamaram um padre para serenar os ânimos.

– A culpa é dela, que sempre foi desleixada – disse o marido.

– Não, a culpa é dele, que não presta atenção no que faz – respondeu a mulher.

– Um momento – disse o padre. – Vivemos culpando uns aos outros por coisas que jamais fizemos e terminamos carregando um fardo que não é nosso. Será que nunca ocorreu a vocês a ideia de que os ladrões são os verdadeiros culpados pelo roubo?

Situação semelhante se passa na empresa. Muitas vezes, o foco do problema não está no funcionário, mas no processo de trabalho que não está apropriado. Ele sim, o processo inadequado, é o vilão da história. Mas, como seres humanos, a nossa tendência é sempre procurar culpados na tentativa apressada de achar uma justificativa para o erro.

Antes de atribuir culpa às pessoas, verifique o processo de trabalho passo a passo e você vai ver que muitas falhas acontecem por causa da deficiência do processo, como falta de conferência, de controle, de acompanhamento, indefinições de responsabilidades e outras falhas que, essas sim, fazem com que ocorram problemas na execução do processo. Antes de atribuir a culpa às pessoas, corrija primeiro o processo de trabalho.

Seja determinado ao realizar as mudanças necessárias

Até que ponto o seu desejo de fazer transformações na empresa é realmente forte e determinado? Muitos processos de mudança fracassam devido à falta de determinação do gerente. Há uma parábola interessante que ilustra a intensidade do desejo que precisamos ter:

O mestre levou o discípulo para perto de um lago.

– Hoje vou ensinar-lhe o que significa a verdadeira devoção – disse.

Pediu ao discípulo que entrasse com ele no lago e, segurando a cabeça do rapaz, colocou-a debaixo d'água. O primeiro minuto passou. No meio do segundo minuto, o rapaz já se debatia com todas as forças para livrar-se da mão do mestre e poder voltar à superfície. No final do segundo minuto, o mestre o soltou. O rapaz, com o coração disparado, levantou-se, ofegante.

– O senhor quis me matar! – gritava.

O mestre esperou que ele se acalmasse e disse:

– Não desejei matá-lo, porque, se desejasse, você não estaria mais aqui. Queria apenas saber o que sentiu enquanto estava debaixo d'água.

– Eu me senti morrendo! Tudo o que desejava na vida era respirar um pouco de ar!

– É exatamente isso. A verdadeira devoção só aparece quando temos apenas um desejo e morreríamos se não conseguíssemos realizá-lo.

Pense nisso se está querendo fazer mudanças profundas em sua empresa. Até que ponto vai a intensidade do seu desejo?

O caminho que se deve seguir

Um sábio caminhava por um grande campo de trigo quando um menino se aproximou:

– O que devo fazer para saber que caminho devo seguir na vida?

O sábio olhou para o menino e perguntou:

– O que significa esse anel no seu dedo direito?

– É uma lembrança do meu avô. Ele me deu esse anel pouco antes de morrer.

– Empreste-me o anel um momento – disse o sábio.

O menino obedeceu e o sábio atirou o anel no meio do campo de trigo.

– E agora? – perguntou o menino. – Terei que parar tudo o que estava fazendo para procurar o anel! Ele é importante para mim!

– Quando você o encontrar – disse o sábio –, lembre-se: você mesmo respondeu à sua pergunta...

É assim que se distingue o verdadeiro caminho que se deve seguir: ele é mais importante que todo o resto.

Quando não valorizamos os caminhos que queremos seguir, ficamos andando sem rumo e culpamos as circunstâncias de atrapalharem a busca dos nossos objetivos. Uma empresa não pode caminhar sem ter objetivos claros a alcançar. Por isso é tão importante o planejamento estratégico. Onde a empresa está agora e aonde quer chegar no final do ano, por exemplo? A despeito de todas as incertezas políticas e econômicas, a empresa precisa ter suas diretrizes bem planejadas. Lembre-se: você não consegue mudar a direção do vento, mas pode ajustar as velas do seu barco.

Você é o comandante do barco?

Um amigo meu tem um veleiro e de vez em quando me convida para navegar. Eu fico observando a forma de ele conduzir o barco e como utiliza os instrumentos. Ele usa todos os recursos: a posição do Sol, das estrelas, a bússola e também o GPS, que utiliza satélites para determinar a localização com mais precisão. Todos os recursos são importantes, mas por si sós não garantem que o veleiro chegue ao destino que escolhemos. A primeira coisa que ele faz é traçar a carta de navegação e determinar um ponto de chegada. Se no caminho ocorrerem tempestades, ventos fortes ou pane nos instrumentos, a capacidade e o conhecimento dele como comandante do barco é que determinarão o sucesso do passeio. Os ventos podem ajudá-lo a sair da tempestade. E ele deverá saber proteger a si mesmo e ao veleiro e, ainda, saber como usar as manifestações da natureza a seu favor para poder manter a viagem.

Fazendo uma analogia com a empresa, o gerente se assemelha muito ao comandante do barco. A primeira tarefa dele, como gerente, deve ser traçar os objetivos a serem alcançados. Aí sim ele vai utilizar os recursos disponíveis, humanos e materiais, para auxiliá-lo a chegar ao seu objetivo. Porém, quando surgirem as desordens no mercado, as turbulências internas, será a sua competência e a sua capacidade que irão determinar o sucesso da empresa. Como o comandante do barco ele deve ser capaz de prever as possíveis emergências, esperar mudanças nas condições do tempo e tirar proveito delas no momento certo.

A AUTOESTIMA DOS FUNCIONÁRIOS TRAZ BONS RESULTADOS ÀS EMPRESAS

As empresas estão sempre preocupadas com o desempenho pessoal dos funcionários, pois isso afeta diretamente a produtividade. Chegam a contratar palestrantes e realizam programas com incentivos para aumentar a motivação dos funcionários. Mas esquecem de uma coisa fundamental: trabalhar a autoestima das pessoas. A autoestima fortalece o indivíduo, dá energia e motivação; permite que a pessoa sinta prazer e satisfação com o que faz.

Funcionários com elevada autoestima lidam melhor com os problemas; são pessoas mais bem preparadas e dificilmente desistem antes de darem o melhor de si; são mais flexíveis, honestas e se comunicam bem. Enfim, constroem um ambiente de trabalho muito melhor e, consequentemente, mais produtivo.

Veja algumas medidas que ajudam a aumentar a autoestima dos funcionários: fazê-los participar mais do planejamento das atividades; aceitar ideias diferentes sem hostilidades; evitar a pergunta "de quem é a culpa?" e, em vez disso, perguntar o que precisa ser feito para não acontecer novamente; lembrar sempre que todos são especiais, por mais simples que aparente ser a sua participação na tarefa.

Infelizmente, não existe um cursinho onde se possa aprender a aumentar a autoestima das pessoas. Nesse aspecto, o gerente ou diretor terá de ser um autodidata.

O QUE É QUALIDADE?

Dez definições de qualidade relacionadas a gestos e atitudes:

- Ao acordar, não permita que algo que saiu errado ontem seja o primeiro tema do dia. No máximo, comente seus planos no sentido de tornar seu trabalho cada vez mais produtivo. PENSAR POSITIVO É QUALIDADE.

- Ao entrar no prédio de sua empresa, cumprimente cada um que lhe dirigir o olhar, mesmo não sendo colega de sua área. SER EDUCADO É QUALIDADE.

- Seja metódico ao abrir seu armário, ligar seu terminal de computador, disponibilizar os recursos ao redor. Comece relembrando as notícias de ontem. SER ORGANIZADO É QUALIDADE.

- Não se deixe envolver pela primeira informação de erro recebida de quem, talvez, não saiba de todos os detalhes. Junte mais dados que lhe permitam obter um parecer correto sobre o assunto. SER PREVENIDO É QUALIDADE.

- Quando for abordado por alguém, pare o que estiver fazendo e dê atenção, pois quem veio lhe procurar deve estar precisando bastante de sua ajuda e confia em você. Ele ficará feliz pelo auxílio que você puder lhe dar. SER ATENCIOSO É QUALIDADE.

- Não deixe de se alimentar na hora do almoço. Pode ser até um pequeno lanche, mas respeite suas necessidades humanas. Aquela tarefa urgente pode aguardar mais trinta minutos. Se você adoecer, dezenas de tarefas terão de aguardar a sua volta. RESPEITAR A SAÚDE É QUALIDADE.

- Dentro do possível, tente agendar suas tarefas comerciais e sociais para os próximos dez dias. Não fique trocando datas a todo momento, principalmente se estiver muito próximo do evento. Lembre-se de que você afetará o horário de várias outras pessoas. CUMPRIR O COMBINADO É QUALIDADE.

- Ao comparecer a encontros e reuniões, leve tudo o que for preciso para a ocasião, principalmente suas ideias. E divulgue-as sem receio. O máximo que poderá ocorrer é alguém não aceitá-las. Talvez mais tarde, em dois ou três meses, você venha a ter nova chance de mostrar que estava com a razão. Saiba esperar. TER PACIÊNCIA É QUALIDADE.

- Não prometa o que está além do seu alcance só para impressionar quem o ouve. Se você ficar devendo um dia, vai arranhar o conceito que levou anos para construir. FALAR A VERDADE É QUALIDADE.

- E, por fim, na saída do trabalho, pense como vai ser bom chegar em casa e rever a família ou os amigos, que lhe dão segurança para desenvolver suas tarefas com equilíbrio. AMAR A FAMÍLIA E OS AMIGOS e ser amado é a MAIOR QUALIDADE que uma pessoa pode ter.

Faça com que as coisas aconteçam!

Certa vez, um homem aproximou-se de um sábio e falou:
— Sei exatamente qual o objetivo da vida. Sei o que Deus pede ao homem e conheço a melhor maneira de servi-lo. Mas, mesmo assim, sou incapaz de fazer tudo o que devia estar fazendo para servir ao Senhor.

O sábio ficou um longo tempo em silêncio. Finalmente disse:
— Você sabe que existe uma cidade do outro lado do oceano, mas ainda não encontrou o navio, não colocou sua bagagem a bordo nem cruzou o mar. Por que ficar comentando como a cidade é, ou como devemos caminhar por suas ruas? Saber o objetivo da vida ou conhecer a melhor maneira de servir ao Senhor, não basta. Coloque em prática o que você está pensando, e o caminho se mostrará por si mesmo.

Se você é dessas pessoas que só planejam mas não realizam, pare de tanto planejar. Você pode especular a respeito de seus planos e imaginar toda sorte de coisas maravilhosas. Mas a ação é o que vai tornar todas essas coisas possíveis. Arregace as mangas e comece a agir. Assim você saberá o que é capaz de conquistar. E, sabendo disso, com absoluta certeza você fará com que as coisas aconteçam.

Julgue apenas quando necessário

Tem uma lenda que conta que, certa vez, um monge cometeu uma falta grave e chamaram o ermitão mais sábio para que pudesse julgá-lo. O ermitão se recusou, mas insistiram tanto que ele terminou por ir. Chegou ao local carregando nas costas um balde furado, de onde escorria areia.

– Vim julgar meu próximo – disse o ermitão para o superior do convento. – Meus pecados estão escorrendo atrás de mim, como a areia escorre deste balde. Mas, como não olho para trás e não me dou conta dos meus próprios pecados, fui chamado para julgar meu próximo!

Os monges desistiram da punição na mesma hora.

Se você tem de tomar decisões e fazer julgamentos com relação ao desempenho de pessoas em sua empresa, tenha sempre boa vontade para tentar chegar a um parecer correto. Não se precipite. Julgue o mínimo possível; atenha-se a julgar as coisas relevantes... E lembre-se: quem se preocupa em ficar avaliando os outros em relação a coisas sem importância, torna-se uma pessoa insuportável.

Nenhum jardim é perfeito

Um homem passou o outono inteiro semeando e preparando seu jardim. Quando as flores se abriram na primavera, ele notou algumas plantas nocivas, que não havia plantado. Prontamente ele as arrancou, mas o pólen já estava espalhado e outras plantas da mesma espécie tornaram a crescer. Ele procurou um veneno que atingisse apenas as plantas indesejadas, mas o técnico disse que qualquer veneno ia terminar matando as outras flores. Desesperado, pediu ajuda a um jardineiro.

— É igual ao casamento — comentou o jardineiro. — Junto com as coisas boas, terminam sempre vindo algumas poucas inconveniências.

— Que faço? — insistiu o homem.

— Nada — disse o jardineiro. — Mesmo sendo flores que você não planejou ter, fazem parte do jardim.

Portanto, na empresa também é assim. Junto com as coisas boas do funcionário, acabam sempre vindo algumas poucas inconveniências. Temos de saber aceitá-las se quisermos conviver bem com as pessoas.

Faça a sua parte: Ensine

Certa vez um discípulo perguntou ao seu mestre:

– A simples presença de um mestre faz com que todo tipo de curioso se aproxime para descobrir algo do que se beneficiar. Isso não pode ser prejudicial e negativo? Isso não pode desviar o mestre do seu caminho, ou fazer com que sofra porque não conseguiu ensinar o que queria?

O mestre respondeu:

– A visão de um abacateiro carregado de frutos desperta o apetite de todos os que passam por perto. Se alguém deseja saciar sua fome além da sua capacidade, termina comendo mais abacates que o necessário e passa mal. Entretanto, isso não causa nenhum tipo de indigestão ao dono do abacateiro. O caminho precisa estar aberto para todos. Deus se encarrega de colocar os limites de cada um.

Os gerentes mais eficazes sabem o quanto é importante ensinar as boas práticas aos seus funcionários e dar abertura para que eles se aproximem para sanar as dúvidas e absorver mais conhecimentos. A posição mais sensata do gerente deve ser a de deixar que a aproximação aconteça e de dar liberdade para que os funcionários perguntem o que quiserem. Com isso, eles vão absorver experiências e se desenvolver profissionalmente. Se, por acaso, entre os funcionários existir alguns que só querem se aproximar por interesse mesquinho, o futuro se encarregará de mostrar a competência deles.

Mudança de comportamento exige paciência e determinação

Conta uma história que, certa vez, um mestre ouviu falar de um ermitão que tinha fama de santo e morava numa montanha. Resolveu ir encontrá-lo. Quando o mestre chegou na morada do ermitão, este perguntou:

– De onde você vem?

E o mestre respondeu:

– Venho de onde minhas costas apontam e vou para onde está voltado meu rosto.

E acrescentou olhando para o ermitão:

– Um sábio deveria saber disso.

Mas o ermitão não se conteve e retrucou:

– É uma resposta tola e metida a filosófica.

E o mestre, querendo saber mais sobre a vida do ermitão, perguntou:

– E o senhor, o que faz?

– Eu medito há vinte anos sobre a perfeição da paciência e estou perto de ser considerado santo.

E o mestre, para irritar o ermitão, falou:

– As pessoas acham que você já se transformou no que desejava. Você conseguiu enganar todo mundo!

Furioso, o ermitão levantou-se e, aos gritos, falou:

– Como ousa perturbar um homem que busca a santidade?

– Ainda falta muito para chegar a isso – disse o mestre. – Se uma simples brincadeira o faz perder a paciência que tanto busca, esses vinte anos foram uma completa perda de tempo!

Fazendo uma analogia dessa história com a vida na empresa, percebemos que mudar a postura profissional não é uma coisa tão simples. Conheço situações de diretores que, de uma hora para outra, resolvem adotar a conhecida política de portas abertas. Com isso, pretendem ser mais acessíveis e pacientes para ouvir as colocações feitas pelos funcionários. Não é o simples fato de a porta estar aberta ou fechada que vai fazer o diretor se tornar uma pessoa acessível e paciente. A mudança mais importante precisa acontecer com a pessoa, e não no ambiente.

Treinar e educar para a busca de soluções

O rabino vivia ensinando que as respostas estão dentro de nós mesmos. Mas seus fiéis insistiam em consultá-lo sobre tudo que faziam. Um dia, o rabino teve uma ideia: colocou um cartaz na porta de sua casa e nele escreveu: respondo cada pergunta por cem moedas. Um comerciante resolveu pagar. Deu o dinheiro ao rabino, comentando:

– O senhor não acha caro cobrar tanto por uma respostas?

– Acho – disse o rabino. – E acabo de respondê-la. Se quiser saber mais, pague outras cem moedas. Ou procure a resposta em você mesmo, que é mais barato e mais eficaz.

A partir desse dia, nunca mais o perturbaram.

Nas empresas, os gerentes deviam fazer como o rabino dessa história, para educar seus funcionários a buscar a solução para os problemas, em vez de só levar perguntas e situações para os superiores resolverem. É uma questão de treinamento e de delegação de poderes de decisão. Mas se não houver a iniciativa por parte do gerente, os funcionários vão sempre se achar incapazes de encontrar os caminhos por si mesmos, e sempre irão depender das diretrizes dadas pelo chefe. Portanto, se você é gerente e quer que seus funcionários dependam menos de você, não espere que eles mudem sozinhos. Você vai ter de treiná-los e educá-los para que busquem as próprias soluções.

Elimine a alienação, a frustração e o descontentamento

Será possível humilhar e rebaixar uma pessoa e depois esperar que ela se preocupe com a qualidade do produto?

Claro que não se pode exigir muito de uma pessoa com a autoestima baixa.

O período que normalmente passamos no local de trabalho pode se tornar "um inferno" se o ambiente na empresa for daqueles que geram medo e ressentimentos entre as pessoas, em vez de uma autoestima positiva. São poucos os gerentes e proprietários que estão atentos à importância da autoestima dos funcionários e suas consequências na qualidade do produto e na produtividade da empresa. Mas, também, não se pode culpar esses dirigentes, pois na verdade ninguém parece saber exatamente o que é a autoestima, de onde ela vem e como fazer para aumentá-la.

De forma resumida, podemos definir a autoestima como a atitude que uma pessoa tem com relação a si mesma, considerando o respeito próprio, a sua autoconfiança e a responsabilidade pessoal em relação aos seus atos. Uma pessoa com elevada autoestima está mais bem preparada para lidar com os problemas que surgirem no trabalho, além de normalmente ser mais flexível e também mais criativa.

A mensagem é clara para os gerentes e diretores: chegou a hora de eliminar as condições de trabalho que contribuem para a alienação, a frustração e o descontentamento dos funcionários.

Respeito é bom e faz bem à autoestima de todos nós

Certa vez, eu estava em uma reunião com gerentes de venda de uma empresa. Uma delas estava radiante, pois tinha atingido a sua cota de vendas estipulada pela diretoria. Como ela era nova na empresa, perguntei por que havia optado em deixar a empresa anterior e vir trabalhar nesta. A resposta foi que na outra empresa não a respeitavam como pessoa. Apesar do seu esforço e dos bons resultados alcançados, nunca teve nenhum gesto de reconhecimento por parte dos seus diretores.

– Já aqui, é diferente – ela disse. – Eu me sinto valorizada e a diretoria reconhece o meu trabalho. Se formos bem, somos elogiados. Se formos mal, somos incentivados a melhorar e a obter melhores resultados no mês seguinte. Por isso, estou feliz aqui e quero produzir mais, cada vez mais, pois será bom para mim e para a empresa.

Depois do que ela me falou, fiquei pensando: todos queremos um pouco de respeito. Todos temos uma necessidade interna de sermos vistos e compreendidos pelos outros. A verdade é que nenhum gerente obterá bom desempenho de seus funcionários tratando-os com hostilidade, desprezo e falta de respeito.

Valorização das pessoas no ambiente de trabalho

Certa vez um professor entregou um questionário para os alunos responderem. Todos responderam rapidamente até chegarem à última questão, que era: qual o nome da mulher que faz a limpeza da escola? Os alunos acharam que era uma piada. Já tinham visto a mulher várias vezes. Ela era alta, cabelo escuro, lá pelos cinquenta anos, mas ninguém sabia o nome dela. Um aluno, ao entregar o questionário deixando a questão sem resposta, perguntou se a última questão iria influenciar na nota.

– É claro! – respondeu o professor. – Na sua carreira você encontrará muitas pessoas. Todas têm seu grau de importância. Elas merecem sua atenção, mesmo que seja com um simples "bom dia, como vai?".

O aluno nunca mais esqueceu essa lição e acabou aprendendo não só o nome da faxineira, mas de todos os outros funcionários da escola.

Lições de vida

A seguir, estão algumas lições de vida relatadas por uma executiva bem-sucedida:

"Eu aprendi que não posso exigir a amizade de ninguém. Posso apenas dar boas razões para que gostem de mim e ter paciência para que a vida faça o resto. Também aprendi que não importa quanto certas coisas sejam valiosas para mim: sempre haverá pessoas que não darão a mínima e jamais conseguirei convencê-las do contrário. A vida me ensinou que posso passar anos construindo uma verdade e destruí-la em apenas alguns segundos. Outra lição de qualidade de vida é que posso usar meu charme por apenas quinze minutos; depois disso, preciso saber do que estou falando. Posso fazer algo em um minuto e ter de responder por isso o resto da vida. E também compreendi que vai demorar muito para me transformar na pessoa que quero ser e, por isso, devo ter paciência. Aprendi, ainda, uma coisa importante: que perdoar exige muita prática e que nos momentos mais difíceis a ajuda veio justamente daquela pessoa que eu achava que ia tentar piorar minha vida; que posso ficar furiosa, tenho o direito de me irritar, mas não tenho o direito de ser cruel e rude com as pessoas".

Trate as pessoas com respeito e dignidade

Havia um rei na Espanha que se orgulhava muito de seus ancestrais e que era conhecido por sua crueldade com os mais fracos. Certa vez, ele caminhava com sua comitiva por uma estrada onde, anos antes, havia perdido seu pai em uma batalha. No caminho encontrou um homem idoso remexendo em uma enorme pilha de ossos.

– O que você está fazendo aí? – perguntou o rei.

– Quando soube que o rei da Espanha vinha por aqui, resolvi recolher os ossos de vosso falecido pai para entregar-vos. Entretanto, por mais que procure, não consigo achá-los: eles são iguais aos ossos dos camponeses, dos pobres, dos mendigos e dos escravos.

A hierarquia e a linha de autoridade são aspectos essenciais para conduzir uma empresa de forma eficaz. Mas a posição que ocupa não pode distanciar o líder dos seus funcionários a ponto de as pessoas o enxergarem como um ser superior. Todas as pessoas na empresa, não importa a posição em que estejam, devem ser tratadas igualmente, com respeito e dignidade. Se você é um dirigente, lembre-se de que você e a sua atitude é que fazem tudo acontecer.

Aprenda a cultivar
a sua criatividade

Muitas pessoas simplesmente se acham pouco criativas. É uma pena que se julguem dessa maneira. Você é um ser humano e, por isso, é criativo. E ponto final. O que você precisa é saber cultivar a sua criatividade e permitir que as boas ideias surjam. Desenvolver soluções inovadoras não tem de ser resultado de sorte, como muitos pensam.

Veja algumas dicas para você exercitar seu lado criativo: em primeiro lugar, pense positivamente – em vez de lamentar os problemas, encare-os como oportunidades; em segundo lugar, tente pensar diferente – em vez de fazer com que as informações se adaptem ao seu velho modo de pensar, passe a aplicar essas novas informações a novos usos.

Verbalize as suas ideias: quando você coloca o que pensa para fora, dá espaço para que surjam outras.

Procure sair da rotina quando quiser desenvolver ideias.

De todas as dicas, acho esta a mais importante: sair da rotina para poder pensar e ter soluções criativas para resolver os problemas. Falo isso por experiência própria. Reserve apenas uma hora por semana para sair da rotina e gerar ideias e você verá quantas melhorias serão introduzidas.

Pratique a administração
participativa

Numa fábrica onde os funcionários se queixavam da velocidade da linha de montagem, resolveu-se permitir que eles mesmos decidissem qual deveria ser a velocidade de produção. Embora variassem a velocidade durante o dia, de acordo com o estado de espírito predominante, a produtividade global foi tão grande como antes, só que com uma diferença: o moral dos funcionários estava bem mais alto. Isso mostra que a participação ativa é muito importante em um trabalho de equipe.

O efeito positivo da participação ocorre também em várias outras situações. Já ficou demonstrado que as pessoas que ouvem palestras de forma passiva não apresentam tantas mudanças como aquelas que discutiram o tópico de forma participativa. Adote a prática da administração participativa, deixando os funcionários se envolverem mais com as decisões. Você vai perceber como o grau de comprometimento se elevará.

Quando se quer convencer uma equipe a fazer alguma coisa, o melhor é deixar que seus membros participem da tomada de decisões. A participação é um reforço positivo muito poderoso.

Estabeleça metas
para as pessoas

É de se esperar que o aumento da produtividade da empresa esteja diretamente relacionado com o aumento da motivação dos funcionários. Mas não há garantias de que isso seja verdade, quer dizer, que a produtividade cresça sempre que o moral dos funcionários se elevar.

Sobre isso foi feita uma pesquisa com quatro grupos de empregados de uma empresa. Para aumentar a motivação eles passaram a participar de várias discussões sobre a política da empresa, os problemas dos empregados e benefícios trabalhistas. Mas em apenas dois dos grupos houve discussões sobre metas de produtividade. No final do estudo, todos os grupos exibiram moral mais alto, se mostraram mais motivados com o trabalho, mas apenas os dois grupos que haviam discutido expressamente as metas de produtividade acusaram aumento significativo nos resultados.

Esse estudo mostrou que a participação dos funcionários é importante para aumentar a motivação, mas uma meta terá de ser estabelecida se quisermos garantir o aumento da produtividade.

Livre-se do peso desnecessário

O desperdício em uma empresa pode acontecer de muitas formas: seja em pequenas atividades redundantes que fazemos no decorrer do trabalho, seja no retrabalho causado pelos defeitos que são identificados nos produtos. Para evitar o desperdício em uma fábrica ou escritório, é necessário fazer uma revisão de todas as etapas do processo e modificá-lo onde for necessário, de modo que as atividades que não adicionem valor ao produto sejam eliminadas.

A ideia de eliminar o desperdício pode parecer um tanto trivial, mas na prática, o que é aparentemente trivial não é levado tão a sério, e o desperdício acaba acontecendo sob as nossas vistas. Reduzir perdas em um processo de trabalho é como se livrar de um peso desnecessário quando se viaja em um balão a gás. De quanto mais peso nos livrarmos, mais leve será a nossa carga e mais alto voaremos.

Assim também é na empresa. À medida que o desperdício cai, a produtividade sobe, pois a empresa fica mais leve e mais fácil de dirigir. Aumente a produtividade por meio da eliminação das perdas, não importa se o trabalho é feito no chão de fábrica ou dentro do escritório.

Elimine o desperdício

Nossa vida é composta de muitas atividades repetitivas, algumas importantes, outras nem tanto. Diariamente esperamos em restaurantes, lemos correspondências inúteis e muitas outras coisas.

Além das atividades diárias, há aquelas que fazemos de vez em quando, como ficar na fila no supermercado, ou em bancos, ou aguardar em salas de espera em outros lugares. E, justificadamente, descobrimos que gastamos grande parte do nosso tempo esperando e fazendo coisas improdutivas.

Mas o tempo não é o único desperdiçado. Dinheiro e outros recursos são desperdiçados da mesma maneira. Com muita frequência, podemos comprar alimentos que acabamos não comendo, assinar revistas que não lemos... e, no final, perguntamos: onde é que foi parar todo o dinheiro?

O processo de trabalho em uma fábrica ou escritório pode estar relacionado com o que praticamos em nossas vidas particulares. Muitas atividades improdutivas são desempenhadas no local de trabalho e muitos dos recursos da empresa são gastos em atividades que não são produtivas e não geram resultados.

Como acontece com as pequenas frustrações da vida, esses desperdícios na empresa também terminam sendo admitidos. O perigo de deixar isso acontecer é que, lentamente, o desperdício devora os lucros, nosso tempo e nosso desempenho.

CORRIDA
DE BICICLETA

A vida é como uma grande corrida de bicicleta, cuja meta é atingir nossa realização pessoal e profissional.

Na largada, estamos juntos, compartilhando camaradagem e entusiasmo. Mas, à medida que a corrida se desenvolve, a alegria inicial cede lugar aos verdadeiros desafios: o cansaço, a monotonia, as dúvidas sobre a própria capacidade. Reparamos que alguns amigos que desistiram do desafio ainda estão correndo, mas apenas porque não podem parar no meio da estrada; eles são numerosos, pedalam ao lado do carro de apoio, conversam entre si e cumprem uma obrigação. Terminamos por nos distanciar deles e, então, somos obrigados a enfrentar a solidão, as surpresas com as curvas desconhecidas, os problemas com a bicicleta.

Ao cabo de algum tempo, começamos a nos perguntar se vale a pena tanto esforço. Sim, vale a pena. É só não desistir.

O APRENDIZADO É UM PROCESSO LENTO E GRADUAL

Um noviço estava na cozinha lavando folhas de alface para o almoço quando um velho monge, conhecido por sua rigidez excessiva e que obedecia mais ao desejo de autoridade que à verdadeira busca espiritual, aproximou-se.

– Você pode me dizer o que o superior do mosteiro disse hoje no sermão?

– Não consigo me lembrar. Sei apenas que gostei muito.

O monge ficou estupefato.

– Justamente você, que tanto deseja servir a Deus, é incapaz de prestar atenção às palavras e conselhos daqueles que conhecem melhor o caminho? É por isso que as gerações de hoje estão tão corrompidas; já não respeitam o que os mais velhos têm para ensinar.

– Olhe bem o que estou fazendo – respondeu o noviço. – Estou lavando as folhas de alface, mas a água que as deixa limpas não fica presa nelas; termina sendo eliminada pelo cano da pia. Da mesma maneira, as palavras que purificam são capazes de lavar a minha alma, mas nem sempre permanecem na memória.

Desenvolvimento profissional não acontece da noite para o dia. É um processo lento e gradual, no qual as pessoas vão assimilando aos poucos os novos conhecimentos adquiridos.

Experimente o novo

A velocidade das mudanças nos últimos tempos tem sido assustadora, tanto na tecnologia como nos hábitos e costumes das pessoas. Acontece que nem sempre acompanhamos essas mudanças, pois não paramos para refletir sobre elas e sobre o quanto impactam na nossa vida pessoal ou profissional.

Tem um ditado que diz: "Quando você faz sempre o que sempre fez, sempre terá o que sempre teve". Mudanças demandam mudanças. Mudanças exigem de nós novas formas de pensar, novos aprendizados. Mudar um padrão de comportamento não é uma coisa tão simples. Você tem de largar hábitos antigos, já adquiridos, e passar a adotar novos comportamentos. E isso às vezes dá um certo medo.

Pense no trapezista e no trapézio. Ele quer alcançar o segundo trapézio, mas só pode fazer isso quando larga o primeiro. Quando larga o primeiro, fica no ar durante um segundo. Esse momento no espaço parece durar uma eternidade. Definitivamente, o trapezista não consegue alcançar o segundo trapézio enquanto não larga o primeiro.

O aprendizado ocorre nesse momento em que você está solto no espaço. É preciso esquecer as antigas atitudes, as velhas formas de fazer as coisas, independentemente de serem confortáveis e familiares. A maioria de nós faz o que sempre fez devido à atração, à sedução do que nos é conhecido.

Precisamos encorajar nossos funcionários a saltar para o outro trapézio. É aí que a oportunidade de mudança e aprendizado é maior. Se você só está fazendo as mesmas coisas e obtendo os mesmos resultados, experimente algo diferente!

Encare as críticas como alimento para o seu crescimento

De forma objetiva, existem dois tipos de gerentes: aqueles que admitem que os funcionários discordem de suas ideias, que não se acham donos da verdade; e aqueles que se julgam tão superiores a tudo que não admitem ser contrariados em suas opiniões. Lamentavelmente, esse segundo tipo, que se acha dono da verdade, só tem a perder, pois não cresce nem como pessoa, nem profissionalmente. Sobre isso há uma história muito educativa, que fala da postura de um rabino com relação a aprender com as outras pessoas.

Certo rabino era adorado por sua comunidade. Todos ficavam encantados com o que dizia. Menos um homem, que não perdia uma chance de contradizer as interpretações do rabino, apontar falhas em seus ensinamentos. Os outros ficavam revoltados com o tal homem, mas não podiam fazer nada. Um dia, esse homem morreu. Durante o enterro, a comunidade notou que o rabino estava profundamente triste.

– Por que tanta tristeza? – comentou alguém. – Ele vivia colocando defeito em tudo o que o senhor dizia!

– Não lamento pela pessoa dele, que já está no céu – respondeu o rabino. – Lamento por mim mesmo. Enquanto todos me reverenciavam e procuravam não discordar de mim, ele era o único que me desafiava, e eu era obrigado a melhorar. Agora que ele se foi, tenho medo de parar de crescer.

O CAMELO NÃO SUPORTOU
O PESO DA PENA

Uma lenda do deserto conta a história de um homem que ia se mudar de oásis e começou a carregar seu camelo. Colocou os tapetes, os utensílios de cozinha, os baús de roupas, e o camelo aguentava tudo. Quando ia saindo, lembrou-se de uma linda pena azul que seu pai lhe tinha presenteado. Resolveu pegá-la e a colocou em cima do camelo. Nesse momento, o animal arriou com o peso e morreu. "Meu camelo não aguentou o peso de uma pena", deve ter pensado o homem.

Às vezes julgamos da mesma maneira o nosso próximo, sem entender que nossa brincadeira pode ter sido a gota que transbordou a taça do sofrimento.

Enxergue as
mudanças e realize-as

O olho enxergou uma montanha e disse:
– Vejam que bela montanha temos no horizonte!
O ouvido tentou escutá-la, mas não conseguiu. A mão falou:
– Estou tentando tocá-la, mas não a encontro.
O nariz foi conclusivo:
– Não existe montanha alguma, pois não sinto seu cheiro.
E todos chegaram à conclusão de que o olho estava enganado.

Se você precisa promover mudanças na sua empresa, ou no setor em que trabalha, tome a decisão necessária confiando em sua visão. Você é o agente das mudanças e é quem deve enxergá-las e tomar as decisões.

O GRAU DE DIFICULDADE NOS MOTIVA A ATINGIR O OBJETIVO

Conta a história que, certa vez, um sábio passeava pelo mercado quando um homem se aproximou e falou para o sábio:

– Sei que és um grande mestre e queria o teu conselho. Hoje de manhã, meu filho me pediu dinheiro para comprar uma vaca. Devo ajudá-lo?

– Essa não é uma situação de emergência. Então, aguarde mais uma semana antes de atender seu filho.

– Mas tenho condições de ajudá-lo agora; que diferença fará esperar uma semana?

– Uma diferença muito grande – respondeu o mestre. – A minha experiência mostra que as pessoas só dão valor a algo quando têm a oportunidade de duvidar se irão ou não conseguir o que desejam.

Quando estabelecemos objetivos para os funcionários, é importante que haja certo grau de dificuldade para serem atingidos. Caso contrário, eles não darão tanto valor aos resultados alcançados.

Teoria da profecia autorrealizadora

Em muitos casos, a atitude de um gerente é a principal responsável pela desmotivação da equipe e pela queda da autoestima das pessoas. Isso já foi objeto de pesquisa e ficou comprovado pela teoria da "Profecia autorrealizadora".

Funciona da seguinte forma: o gerente, sem mais nem menos, assume uma atitude preconceituosa com relação ao funcionário. Por exemplo, acha que o indivíduo recém-admitido não será um bom funcionário. A partir daí o gerente começa a comunicar por meio de sinais não verbais o seu preconceito. O funcionário capta o julgamento que o gerente tem sobre ele. Influenciado por esse julgamento, o funcionário tem seu autoconceito abalado e a sua autoestima cai.

A partir daí a sua motivação para o trabalho também despenca e ele não realiza as tarefas direito. O comportamento apresentado pelo funcionário é, então, avaliado negativamente pelo gerente, que confirma a sua profecia inicial. Fecha-se o círculo e a profecia se autorrealiza.

Cuidado com os preconceitos e com os julgamentos precipitados sobre os potenciais defeitos dos funcionários. Isso afeta a autoestima das pessoas e a motivação delas para trabalhar.

Tenha melhores resultados com pessoas motivadas e felizes

Numa fábrica nos Estados Unidos foram feitas diversas pesquisas ligadas ao comportamento no trabalho. Vários experimentos foram planejados para verificar o efeito que determinadas mudanças nas condições de trabalho teriam na produtividade dos funcionários.

Em alguns desses experimentos testava-se a influência de modificações nas condições de iluminação de um setor de produção sobre o índice de produtividade de operárias que aí realizavam suas funções. Logo ficou evidente que o aspecto significativo não era o aumento ou a diminuição da intensidade da luz; a variável que interferia aumentando a produtividade era o fato de as operárias serem ou não objeto de atenção por parte de diversas pessoas: sua chefia imediata, os donos da fábrica e inúmeros pesquisadores que estavam presentes durante o expediente. Quaisquer mudanças que as atingissem e até ações que as operárias julgassem que eram mudanças tendiam a aumentar a produtividade do setor.

Essa pesquisa mostrou como as pessoas precisam de atenção no trabalho e como isso faz aumentar a motivação e a produtividade.

Se você é gerente ou diretor de empresa, invista mais tempo no lado humano da qualidade e colha melhores resultados com pessoas mais motivadas e felizes.

Só peça desculpas quando estiver sendo sincero

Um monge foi ofendido por um homem, que não acreditava em nada do que ele dizia. Entretanto, a mulher do agressor era seguidora do monge e exigiu que seu marido fosse pedir desculpas a ele. Contrariado, mas sem coragem de aborrecer a mulher, o homem foi até o templo e murmurou algumas palavras de arrependimento.

– Eu não o perdoo – disse o monge. – Volte ao trabalho.

A mulher ficou horrorizada:

– Meu marido se humilhou e o senhor, que se diz sábio, não foi generoso!

E o monge respondeu:

– Dentro de minha alma não existe nenhum rancor. Mas, se ele não está arrependido, é melhor reconhecer que tem raiva de mim. Se eu tivesse aceitado seu perdão, estaríamos criando uma falsa situação de harmonia e isso aumentaria ainda mais a raiva de seu marido.

É comum haver desentendimentos entre colegas de trabalho e, por vezes, devido ao estresse, os envolvidos usam de grosserias para com o outro. A partir de então, o relacionamento se transforma, o clima não é mais o mesmo. Porém, se desculpar sem sinceridade só causará mal-estar: quem sofreu a grosseria não se convencerá, e quem a cometeu se sentirá insatisfeito em ter se desculpado apenas por educação, e não por ter reconhecido o seu erro.

Portanto, se não houver arrependimento de fato, não adianta se desculpar; é melhor ser honesto consigo mesmo e deixar para melhorar o relacionamento de outra forma.

Melhore a sua capacidade e não se preocupe com a dos outros

Um aluno perguntou ao mestre:
– Quando devo colocar em prática as coisas que aprendi?
O mestre:
– Ainda estou lhe ensinando. Por que essa impaciência de colocar algo em prática? Espere a hora certa.
No momento seguinte, outro aluno perguntou:
– Quando devo colocar em prática as coisas que aprendi?
– Imediatamente – respondeu o mestre.
– Mestre, o senhor não age com justiça – reclamou o primeiro aluno. – Meu colega sabe tanto quanto eu, e o senhor não o proibiu de agir.
– Um bom pai conhece a essência de seus filhos – disse o mestre. – Ele freia aquele que é ousado demais e empurra o que não sabe andar com as próprias pernas.
Quando acontecer de seu chefe dar mais responsabilidades para um colega seu e não para você, em vez de reclamar, procure saber o que você ainda precisa aprender para poder receber mais responsabilidades. Às vezes julgamos que nossos chefes estão errados quando o problema de capacidade está em nós.

Delegue também o poder
de escolha a seus subordinados

Um dia desses, eu estava conversando com um gerente e ele dizia que tinha de tomar uma decisão quanto a dois de seus funcionários, sabendo que deixaria um deles aborrecido. Teria de escolher um dos dois para assumir um cargo novo de chefia e isso aborreceria aquele que não fosse o escolhido. Comentei com ele que seria melhor deixar um deles feliz do que deixar os dois sem oportunidade, e que ele não deveria deduzir que o outro iria ficar contrariado. Podia ser que não ficasse.

Contei-lhe que, na Austrália, tem um lugar conhecido como Montanhas Azuis. Lá existem três formações rochosas em forma de obelisco. Conta a lenda que são três irmãs. Segundo essa lenda, certa vez, um feiticeiro passeava com suas três irmãs quando se aproximou o mais famoso guerreiro daqueles tempos.

– Quero casar-me com uma dessas belas moças – disse.

– Se uma delas se casar, as outras duas vão se achar feias. Estou procurando uma tribo onde os guerreiros possam ter três mulheres – respondeu o feiticeiro, afastando-se.

E, durante anos, caminhou pelo continente australiano, sem conseguir encontrar essa tribo.

– Pelo menos uma de nós podia ter sido feliz – disse uma das irmãs, quando já estavam velhas e cansadas de tanto andar.

– Eu estava errado – respondeu o feiticeiro. – Mas agora é tarde.

E transformou as três irmãs em blocos de pedra, para que, quem por ali passasse, pudesse entender que a felicidade de um não significa a tristeza de outros.

Tenha fé
nas mudanças

Em uma região muito seca, o povo implorava por chuva. Pediram ao padre que rezasse uma missa. O padre se negou firmemente, alegando que o povo não tinha fé. Após muita pressão da comunidade, o padre aceitou rezar tal missa. No dia e hora marcados, todos os habitantes compareceram à igreja. Porém, antes de iniciar a missa, o padre passeou entre os fiéis e, voltando ao altar, falou:

– Não haverá mais missa, vocês não têm fé.

O político local retrucou, dizendo:

– Todos temos fé e como prova a igreja está cheia.

Então o padre questionou:

– Quem dentre vocês trouxe um guarda-chuva?!

Todos baixaram a cabeça. Ninguém tinha levado guarda-chuva.

Muitos diretores agem como o povo dessa cidade: querem que as coisas melhorem na empresa, mas não botam fé nas medidas que são tomadas. Como consequência, os funcionários ficam frustrados e cansados de tantos projetos que se iniciam e nunca são concluídos. Para fazer as coisas mudarem na empresa é preciso, em primeiro lugar, que a diretoria efetivamente abrace a ideia e seja a primeira a dar o exemplo. Se você é diretor, pense bem antes de iniciar um processo de mudança em sua empresa. Veja até que ponto você está efetivamente convicto da necessidade de mudar e se está disposto a ser o primeiro a dar o exemplo de comprometimento com o novo processo.

Disponha de tempo
para o planejamento

Um caçador saiu para o seu dia de lazer e, ao entrar na floresta, encontrou um forte lenhador que tentava derrubar uma árvore.

Ele passou o dia todo caçando e, ao retornar para seu hotel, passou novamente pelo lenhador, que ainda continuava tentando derrubar a mesma árvore. O caçador percebeu que o machado utilizado pelo lenhador não estava afiado. Disse então:

– Por que você não afia esse machado?

E o lenhador respondeu:

– Não posso. Não tenho tempo.

A falta de tempo é um problema crônico de todo mundo. Mas uma coisa que faz com que o pouco tempo que a gente tem fique menor ainda é a falta de planejamento. O planejamento das atividades do dia é fundamental para que possamos nos organizar e dar conta dos compromissos. Se você é daquelas pessoas que senta e começa a trabalhar sem um mínimo de planejamento, tente fazer o seguinte: liste em uma folha de caderno todas as coisas que tem de fazer na semana. Depois, resuma o que pode fazer no dia. Em seguida, priorize o que vai poder fazer em função do tempo que levará cada tarefa, e vá executando cada atividade no decorrer do dia. O que não conseguir realizar, passe para a lista do dia seguinte. Você vai ver que, planejando assim, o seu tempo renderá muito mais. Gosto de um pensamento que diz: "Se eu tivesse oito horas para derrubar uma árvore, passaria seis horas afiando o machado".

Mergulhe fundo

Um dia, passeando na praia, o pai perguntou para o filho:
– Como está a água?
O garoto entrou com cuidado na água e respondeu:
– Está muito fria.
Ele pegou o garoto e o jogou com tudo dentro da água e voltou a perguntar:
– E agora, como está a água?
O filho respondeu:
– Está ótima.
O pai então disse:
– De agora em diante, mergulhe fundo naquilo que você quer realmente conhecer.

Com certeza essa foi uma lição importante para o garoto.

Se você quer se desenvolver na empresa, assumir novas responsabilidades, saia da superficialidade e mergulhe fundo para adquirir mais conhecimento do processo, da empresa em geral. Participe de reuniões, se envolva em projetos, mergulhe ao máximo no que puder... Você vai ver como o trabalho será muito mais interessante.

O SOFRIMENTO FAZ PARTE DAS CONQUISTAS

Era uma vez um riacho de águas cristalinas que serpenteava entre as montanhas. Em certo ponto de seu percurso, o riacho notou que à sua frente havia um pântano imundo, por onde deveria passar. Olhou, então, para Deus e protestou:

– Senhor, que castigo! Eu sou um riacho tão límpido, tão formoso, e o Senhor me obriga a atravessar um pântano sujo como esse! Como faço agora?

Deus respondeu:

– Isso depende da sua maneira de encarar o pântano. Se ficar com medo, vai diminuir o ritmo de seu curso, dará voltas e, inevitavelmente, acabará misturando suas águas com as do pântano, o que o tornará igual a ele. Mas se o enfrentar com velocidade, com força, com decisão, suas águas se espalharão sobre ele, a umidade as transformará em gotas que formarão nuvens, e o vento levará essas nuvens em direção ao oceano. Aí você se transformará em oceano.

É preciso entrar pra valer nos projetos da vida. Se uma pessoa passar o tempo todo evitando o sofrimento, também acabará evitando o prazer que a vida oferece. Não procure o sofrimento, mas, se ele fizer parte da conquista, enfrente-o e supere-o.

Veja com o olhar do outro

Um pescador, ao chegar à margem de um rio, percebeu que alguém estava se afogando. Jogou-se na água e salvou a pessoa. Quando chegou de volta à mesma margem, percebeu que outra pessoa também se afogava. Jogou-se na água novamente e também a salvou.

Chegou à mesma margem exausto e, ao olhar para o rio, viu outro homem pedindo socorro e se afogando como os dois primeiros.

Um outro pescador, que estava chegando e que a tudo assistiu, caminhou mais acima na margem e viu que um homem estava jogando as pessoas no rio.

Ele prendeu o homem e resolveu o problema.

Às vezes, quem está de fora tem uma visão mais completa da situação e pode identificar melhor as causas dos problemas eliminando definitivamente o mal pela raiz. Sempre que estiver tentando resolver uma questão, peça a opinião de alguém que não esteja envolvido e que poderá enxergar a situação por outro ângulo, podendo encontrar, assim, uma melhor resposta para o problema.

Flores ou um prato de arroz?

Antes de implantar mudanças, tenha em mente que as pessoas são diferentes e reagem a novas situações diferentemente umas das outras. Essas diferenças têm de ser respeitadas.

Um sujeito estava colocando flores no túmulo de um parente quando viu um chinês deixando um prato de arroz na lápide ao lado. Ele se virou para o chinês e perguntou:

– Desculpe, mas o senhor acha mesmo que o defunto virá comer o arroz?

E o chinês respondeu:

– Sim, quando o seu vier cheirar as flores...

Essa história simples mostra que respeitar a opção do próximo, em qualquer aspecto, é uma das maiores virtudes que um ser humano pode ter.

Descubra o que fez você escorregar

Um feiticeiro africano conduz seu aprendiz pela floresta. Embora mais velho, caminha com agilidade, enquanto seu aprendiz escorrega e cai a todo instante. O aprendiz blasfema, levanta-se, cospe no chão traiçoeiro e continua a acompanhar seu mestre.

Depois de longa caminhada, chegam a um lugar sagrado. Sem parar, o feiticeiro dá meia-volta e começa a viagem de regresso.

– Você não me ensinou nada hoje – diz o aprendiz, levando mais um tombo.

– Ensinei sim, mas você parece que não aprende – responde o feiticeiro. – Estou tentando lhe mostrar como se lida com os erros da vida.

– E como devo lidar com eles?

– Como deveria lidar com seus tombos – responde o feiticeiro. – Em vez de ficar amaldiçoando o lugar onde caiu, devia procurar aquilo que o fez escorregar.

Há funcionários que agem como esse aprendiz de feiticeiro. Ficam se lamentando, dizendo que não são reconhecidos pela chefia, reclamam do salário baixo, da empresa, que não tem um plano de carreira e que por isso eles não crescem profissionalmente... Em vez de reclamar, deviam refletir para identificar onde estão errando e, assim, corrigir os erros que estão impedindo o seu crescimento.

Faz parte da
minha natureza

Um escorpião estava querendo atravessar um pequeno riacho. Embora raso, a correnteza era muito forte para ele. O escorpião ficou um tempo considerável parado sem saber o que fazer. Um cavalo que o observava entendeu o problema, chegou perto e falou:

— Você quer atravessar o riacho?

Respondeu o escorpião:

— Sim, preciso atravessá-lo.

O cavalo, com pena, falou:

— Suba nas minhas costas que eu o atravessarei.

O escorpião subiu nas costas do cavalo e, quando estava atravessando o riacho, viu aquele belo lombo, não resistiu e o picou. O cavalo protestou:

— Eu o ajudo e você faz isso comigo?!

Respondeu o escorpião:

— Desculpe-me, mas está no sangue, faz parte da minha natureza.

Por mais que a gente faça o bem para as pessoas, sempre haverá aquelas que agirão segundo a sua natureza.

Se cada um fizer
a sua parte...

Um senhor de idade avançada estava cuidando de uma planta com todo o carinho quando um jovem se aproximou dele e perguntou:
— Que planta é essa de que o senhor está cuidando?
— É uma jabuticabeira – respondeu o senhor.
— E ela demora quanto tempo para dar frutos?
— Pelo menos uns quinze anos – informou o homem.
— E o senhor espera viver tanto tempo assim? – indagou irônico o rapaz.
— Não, não creio que viva mais tanto tempo, pois já estou no fim da minha jornada – disse o ancião.
— Então, que vantagem você leva com isso, meu velho?
— Nenhuma, exceto a vantagem de saber que ninguém colheria jabuticabas se todos pensassem como você...

Dê liberdade
para criar e ousar

Numa granja, uma galinha se destacava entre todas as outras por sua coragem, espírito de aventura e ousadia. Não tinha limites e andava por onde queria, mas o dono não apreciava essas qualidades.

Um dia fincou um bambu no meio do campo, arrumou um barbante e amarrou a galinha. De repente, o mundo tão amplo da ave foi reduzido para onde o barbante lhe permitia chegar. De tanto andar nesse círculo, a grama que era verde foi desaparecendo e ficou somente a terra.

Depois de um tempo, o dono se compadeceu da ave, pois ela, que era tão inquieta e audaciosa, havia se tornado uma pacata figura. Então, cortou o barbante que a prendia pelo pé e a deixou solta. Agora estava livre, poderia ir aonde quisesse. Mas, estranhamente, a galinha, mesmo solta, não ultrapassava o limite que ela própria havia feito. Só ciscava e andava dentro do círculo que criara. Olhava para o lado de fora, mas não tinha coragem suficiente para se "aventurar" e sair do seu espaço. Preferiu ficar do lado conhecido. Com o passar do tempo, envelheceu e ali morreu.

Na empresa, as pressões do dia a dia fazem com que, aos poucos, nossos pés fiquem presos a um chão que se torna habitual pela rotina. Sem vida e sem vigor. Estabeleça regras para os seus funcionários, mas cuidado para não destituí-los da capacidade de criar e, principalmente, de ousar.

Aprendendo com os tombos da vida

O parto da girafa é feito com ela em pé, de modo que a primeira coisa que acontece ao recém-nascido é uma queda de aproximadamente dois metros de altura.

Ainda tonto, o animal novinho tenta firmar-se nas quatro patas, mas a mãe tem um comportamento estranho: ela dá um leve chute e a girafa filhote cai de novo no chão. Tenta levantar-se e é de novo derrubada. O processo se repete várias vezes, até que o recém-nascido, exausto, já não consegue ficar em pé. Nesse momento, a mãe novamente o instiga com a pata, forçando-o a levantar-se. E já não o derruba mais. A partir daí, ele se levanta sozinho, com força, e consegue ficar firme de pé.

A explicação é simples: para sobreviver aos animais predadores, a primeira lição que a girafa deve aprender é levantar-se rápido para fugir dos inimigos. Portanto, a aparente crueldade da mãe girafa tem a importante função de treinar o filhote para que não seja devorado pelos outros animais selvagens. Esse aprendizado vai ser fundamental para a própria sobrevivência da espécie.

Levando para o lado da empresa, um bom gerente não é aquele que apenas dá o emprego para os seus funcionários, mas é aquele que sabe ensinar seus subordinados a se desenvolver profissionalmente, nem que para isso tenha de ser, aparentemente, um pouco rude.

Saiba lidar com os obstáculos

Geralmente, nas empresas, encontro pessoas sempre se queixando de alguma coisa. Uma hora é a conjuntura econômica, outra é o clima, outra é o dólar, ou seja, sempre existe algo que não está a nosso favor. Essa é a pura verdade. Entretanto, em certos momentos, lutar "contra o meio ambiente" é a pior coisa que se pode fazer.

Você conhece a história das duas rãs que caíram dentro de uma jarra de leite? Uma era grande e forte, mas impaciente e, confiando na sua forma física, lutou a noite inteira, debatendo-se para escapar. A outra era pequena e frágil. Como sabia que não teria energia para lutar contra o seu destino, resolveu entregar-se. Com suas patas, fez apenas os movimentos necessários para manter-se na superfície, sabendo que, cedo ou tarde, iria morrer. Exausta com o esforço, a rã maior não aguentou mais e morreu afogada. A outra conseguiu boiar a noite inteira e quando, na manhã seguinte, resolveu entregar-se à morte, reparou que os movimentos de sua companheira haviam transformado o leite em manteiga. Tudo o que teve de fazer foi pular para fora da jarra e assim conseguiu sobreviver.

Existem momentos em que lutar contra o meio ambiente é a pior coisa que podemos fazer. Tenha serenidade nas decisões e paciência para suportar as dificuldades.

O VALOR
DA HUMILDADE

Um garoto passeava com o avô por uma praça da cidade. A determinada altura eles viram um sapateiro sendo destratado por um cliente, pelo fato de um serviço não ter ficado tão bem-feito. O sapateiro escutou calmamente a reclamação, pediu desculpas e prometeu corrigir o erro.

Continuaram passeando e pararam para tomar um café num restaurante. Na mesa ao lado, o garçom pediu a um homem que movesse um pouco a cadeira, para abrir espaço. O homem irrompeu numa torrente de reclamações e negou-se a afastar a cadeira. Vendo a cena o avô falou para o neto:

– Nunca esqueça o que viu. O sapateiro aceitou uma reclamação, enquanto esse homem ao nosso lado não quis se mover. Os homens úteis, que fazem algo útil, não se incomodam de ser tratados como inúteis. Mas os inúteis sempre se julgam importantes e escondem toda a sua incompetência atrás da autoridade.

Coloque-se no lugar do outro

Julgar as pessoas não é uma atividade das mais simples. É difícil fazer um julgamento quando sabemos que também temos nossos defeitos.

Há uma história do discípulo que perguntou para o mestre:

– Como devo me comportar quando estiver julgando meus companheiros?

E o mestre respondeu para o aluno:

– Quando for julgar seus companheiros, procure olhá-los nos olhos e a si mesmo.

– Mas essa não é uma atitude egoísta? – questionou o discípulo.

– Não, não é uma atitude egoísta, pelo contrário. Se ficarmos preocupados com nós mesmos, jamais veremos o que os outros têm de bom para oferecer. Quem dera sempre conseguíssemos ver as coisas boas que estão à nossa volta! Na verdade, quando olhamos o próximo, estamos apenas procurando defeitos. Tentamos descobrir sua maldade porque desejamos que ele seja pior que nós. Nunca o perdoamos quando nos fere, porque achamos que jamais seríamos perdoados por ele. Conseguimos feri-lo com palavras duras, afirmando que dizemos a verdade, quando estamos apenas tentando ocultá-la de nós mesmos. Fingimos ser importantes para que ninguém possa ver nossa fragilidade.

Por isso, sempre que estiver julgando o seu irmão, tenha consciência de que é você quem está no tribunal.

Saiba lidar com as adversidades

Certa vez, a filha de um cozinheiro estava se queixando de como as coisas estavam difíceis para ela. O pai levou a filha até a cozinha, encheu três panelas com água e colocou-as para ferver. Numa panela ele pôs cenouras, em outra ovos e, na última, pó de café. Cerca de vinte minutos depois, ele apagou o fogo. Pegou as cenouras e colocou-as numa tigela. Retirou os ovos e colocou-os em outra tigela. Então, pegou o café com uma concha e colocou-o numa xícara. Ele pediu à filha que experimentasse as cenouras. Ela obedeceu e notou que as cenouras estavam macias. Depois, pediu a ela que pegasse um ovo e o quebrasse. Ela obedeceu e, ao retirar a casca, verificou que o ovo endurecera com a fervura. Finalmente, pediu que ela tomasse um gole do café. Ela provou do café e o achou saboroso. Então, o cozinheiro explicou:

– Cada um deles enfrentou a mesma adversidade: água fervente. Mas a forma como cada um reagiu foi diferente. A cenoura entrou forte, firme e inflexível. Mas depois de ter sido submetida à água fervente, ela amoleceu e se tornou frágil. Os ovos eram frágeis. Sua casca fina protegia o líquido interno. Mas, depois de terem sido fervidos, seu conteúdo se tornou mais duro. O pó de café, contudo, é incomparável. Depois que foi colocado na água fervente, mudou a água.

Na empresa, sempre estamos passando por adversidades. Como você responde quando está num ambiente adverso? Você é uma cenoura, um ovo ou o pó de café?

Peça uma
FOLHA EM BRANCO

Um dia, um professor estava aplicando uma prova, e os alunos, em silêncio, tentavam responder às perguntas com certa ansiedade. Faltavam uns 15 minutos para o encerramento e um aluno levantou o braço e perguntou:

– Professor, pode me dar uma folha em branco?

Ele se justificou:

– Eu tentei responder às questões, rabisquei tudo, fiz uma confusão danada e queria começar outra vez.

Apesar do pouco tempo que faltava, o professor deu a folha em branco ao aluno e ficou torcendo por ele. E o aluno refez a prova e recebeu a nota máxima.

Quantas pessoas receberam uma folha em branco, que foi a vida que Deus lhe deu até agora, e só têm feito rabiscos, tentativas frustradas e uma confusão danada?

Se você está numa situação parecida, levante o braço, peça uma folha em branco e comece de novo. Com certeza, você se sairá muito melhor.

Uma grande verdade

Um conferencista falava sobre gerenciamento da tensão.

Levantou um copo com água e perguntou à plateia:

– Quanto vocês acham que pesa esse copo d'água?

As respostas variaram de vinte até quinhentos gramas!

O conferencista, então, comentou:

– Não importa o peso absoluto. Depende de por quanto tempo vou segurá-lo. Se o segurar por um minuto, tudo bem. Se o segurar durante uma hora, sentirei dor no meu braço. Se o segurar durante um dia inteiro, alguém terá de chamar uma ambulância para mim. E é exatamente o mesmo peso, mas quanto mais tempo eu passar segurando-o, mais pesado ficará.

E concluiu:

– Se carregamos nossos pesos o tempo todo, mais cedo ou mais tarde não seremos mais capazes de continuar. A carga vai se tornando crescentemente mais pesada.

O que você tem de fazer é deixar o copo em algum lugar e descansar um pouco antes de segurá-lo novamente.

Temos de deixar a carga de lado periodicamente, do jeito que pudermos!

É reconfortante e nos torna capazes de continuar.

Então, antes de você voltar para casa hoje à noite, deixe o peso do trabalho num canto.

Não o carregue para casa.

Você poderá recolhê-lo amanhã.

A vida é curta, aproveite-a!

Qual é a parte mais importante do corpo humano?

Uma mãe perguntou ao filho qual era a parte mais importante do corpo humano. O filho respondeu que eram os ouvidos. Ela disse:

– Não. Muitas pessoas são surdas e vivem bem.

Algum tempo se passou até que a mãe perguntou outra vez. O menino respondeu, então, que eram os olhos. Ela disse:

– A resposta ainda não está correta porque há muitas pessoas que são cegas e vivem bem.

Ao longo do tempo, a mãe perguntou várias vezes e o filho nunca acertou a resposta. No dia em que o avô do menino morreu, todos estavam chorando e muito tristes com a perda. Nesse momento, a mãe olhou para o filho e perguntou:

– Você já sabe qual é a parte do corpo mais importante, meu filho?

Observando que o filho estava confuso por ela estar fazendo a pergunta naquele momento, ela disse:

– Essa pergunta é fundamental. Mostra como você viveu realmente a sua vida. Hoje é o dia que você necessita aprender essa importante lição.

E continuou:

– Meu filho, a parte do corpo mais importante são os seus ombros.

O filho ainda perguntou:

– Porque eles sustentam minha cabeça?

Ela respondeu:

– Não, porque pode apoiar a cabeça de um amigo ou de alguém que está ao seu lado quando eles choram.

Eu espero que você tenha bastante amor e amigos, e que você encontre sempre um ombro para chorar quando precisar.

As pessoas se esquecerão do que você disse... as pessoas se esquecerão de seus feitos... mas as pessoas nunca se esquecerão de como você as fez se sentir.

Não se esqueça
de ser feliz!

Conta-se que, no século passado, um turista americano foi à cidade do Cairo, no Egito, com o objetivo de visitar um famoso sábio.

O turista ficou surpreso ao ver que o sábio morava num quartinho muito simples e cheio de livros.

As únicas peças de mobília eram uma cama, uma mesa e um banco.

– Onde estão seus móveis? – perguntou o turista.

E o sábio, bem depressa, perguntou também:

– E onde estão os seus?

– Os meus?! – surpreendeu-se o turista. – Mas eu estou aqui só de passagem!

– Eu também – concluiu o sábio.

A vida na Terra é somente uma passagem... No entanto, alguns vivem como se fossem ficar aqui eternamente e se esquecem de ser felizes.

Os dois lobos

Certa vez, um funcionário de uma empresa comentou comigo algo com relação ao ódio e falou uma coisa que achei interessante. Disse ele:

"É como se existissem dois lobos dentro de mim. Um deles é bom e não magoa. Ele vive em harmonia com todos ao seu redor e não se ofende quando não se teve intenção de ofender. Ele só lutará quando for certo fazer isso, e da maneira correta. Mas o outro lobo, ah!, esse é cheio de raiva. Mesmo as pequeninas coisas o lançam a um ataque de ira! Ele briga com todos o tempo todo, sem qualquer motivo. Ele não pode pensar, porque sua raiva e seu ódio são muito grandes. É uma raiva inútil, pois ela não irá mudar coisa alguma!

Algumas vezes é difícil conviver com esses dois lobos dentro de mim, pois ambos tentam dominar meu espírito. Mas sempre sei qual deles vence: aquele que eu alimentar mais frequentemente".

As divergências de pontos de vista e os desentendimentos dentro de uma empresa são coisas absolutamente normais. Mas, passado o momento da discussão, o que não devemos fazer é alimentar rancores e sentimentos negativos pelas pessoas com as quais convivemos no trabalho.

Esteja livre para estabelecer os limites de seus sonhos

A carpa japonesa (*koi*) tem a capacidade natural de crescer de acordo com o tamanho do seu ambiente. Assim, num pequeno tanque, ela geralmente não passa de cinco ou sete centímetros, mas pode atingir três vezes esse tamanho, se colocada num lago.

Da mesma maneira, as pessoas têm a tendência de crescer de acordo com o ambiente que as cerca. Só que, neste caso, não estamos falando de características físicas, mas de desenvolvimento emocional, espiritual e intelectual.

Enquanto a carpa é obrigada, para seu próprio bem, a aceitar os limites do seu mundo, nós estamos livres para estabelecer as fronteiras de nossos sonhos. Se formos um peixe maior do que o tanque em que nos colocaram, em vez de nos adaptarmos a ele, deveríamos buscar o oceano – mesmo que a adaptação inicial seja desconfortável e dolorosa.

Acredite nas pessoas e na capacidade dos funcionários. Estimule o crescimento intelectual deles. Você vai ver que, como as carpas, eles vão crescer de forma espantosa. Como funcionários e como pessoas.

Remédio para
coice de burro

Havia um vendedor ambulante que percorria as cidades oferecendo remédio contra coice de burro. Ele se instalou numa pracinha e começou a gritar com aquela habilidade própria dos charlatões, dizendo que tinha um remédio infalível para coice de burro.

Aos poucos, os curiosos se juntaram. Então, ele mostrou um pacotinho bem fechado, dizendo que cada um continha o remédio:

— Cura quem levou o coice e previne contra coices futuros.

E dava o preço de um, dois, três pacotes, sempre com o desconto de praxe. Mas o vendedor advertia para tomarem cuidado, pois o remédio tinha validade e, vencido, perderia o efeito.

Muitos roceiros compraram o tal remédio. Chegando às suas casas, abriram curiosamente o embrulho e encontraram três metros de barbante e o conselho por escrito:

"Para evitar coice de burro, basta ficar longe do animal numa distância correspondente ao comprimento deste barbante".

Desapontados e ludibriados, foram atrás do vendedor para lhe aplicar uma boa surra. Mas o espertalhão já havia sumido da praça.

Já se foi o tempo em que os vendedores ludibriavam os clientes para poder vender. Agora, estamos na era do serviço e do atendimento total das necessidades dos clientes.

Infelizmente, alguns profissionais ainda agem como o vendedor de remédio para coice de burro.

As consequências do mau tratamento

Um estudo divulgado recentemente mostra que um chefe injusto não só faz da vida do funcionário um inferno, como pode prejudicar até mesmo a saúde do subordinado. Uma equipe de pesquisadores da Inglaterra comprovou que a convivência com chefes intratáveis pode provocar a elevação da pressão arterial dos funcionários.

A pesquisa foi realizada com um grupo de 28 auxiliares de enfermagem. Cada uma delas respondeu a um questionário sobre a forma como era tratada por sua supervisora. A partir disso, os pesquisadores registraram a cada trinta minutos a pressão arterial de todas as auxiliares ao longo de três dias de trabalho.

Ficou comprovado que aquelas que afirmaram ser tratadas de forma injusta tiveram aumento na pressão arterial e apresentaram um risco de quase 40% de sofrer um derrame cerebral.

Essa informação é importante para você que tem subordinados, pois pode avaliar o grau de influência que você exerce sobre eles. Pense nisso. E reveja a sua forma de lidar com os funcionários.

O VERDADEIRO
TESOURO

Certo dia, o dono de um pequeno comércio abordou na rua seu amigo, o poeta Olavo Bilac:

– Sr. Bilac, estou precisando vender o meu sítio, que o senhor tão bem conhece. Será que poderia redigir o anúncio para o jornal?

Olavo Bilac apanhou lápis e papel e escreveu: "Vende-se encantadora propriedade, onde cantam os pássaros ao amanhecer no extenso arvoredo, cortado por cristalinas e plácidas águas de um lindo ribeirão. A casa, banhada pelo sol nascente, oferece a sombra tranquila das tardes na varanda".

Alguns meses depois, o poeta encontrou-se com o comerciante e perguntou se ele já havia vendido o sítio.

– Nem pensei mais nisso – disse o homem. – Depois que li o anúncio é que percebi a maravilha que tinha!

Às vezes, não percebemos as coisas boas que temos conosco e vamos longe atrás da miragem de falsos tesouros. Devemos valorizar o que temos: nosso emprego, os amigos, o conhecimento que adquirimos, nossa família e nossa saúde. Esses sim são verdadeiros tesouros.

O tamanho da tolerância

Um homem estava cozinhando quando percebeu que o sal havia terminado. Chamou seu filho e disse:

— Vá até a aldeia e compre sal. Mas pague um preço justo por ele: nem mais caro nem mais barato.

O filho ficou surpreso e perguntou:

— Compreendo que não deva pagar mais caro. Mas, se puder barganhar um pouco, por que não economizar algum dinheiro?

E o pai respondeu:

— Numa cidade grande, isso é aconselhável. Mas, numa cidade pequena como a nossa, toda a aldeia perderá.

— Quem vender o sal abaixo do preço, deve estar agindo assim porque precisa desesperadamente de dinheiro – disse o filho.

— E quem se aproveitar dessa situação estará mostrando desrespeito por um homem que trabalhou para produzir algo – retrucou o pai.

— Mas isso é muito pouco para que uma aldeia inteira seja prejudicada – insistiu o filho.

Então o pai falou:

— Também no início do mundo, a injustiça era pequena. Mas cada um que veio depois terminou acrescentando algo, sempre achando que não tinha muita importância, e veja aonde chegamos.

A mesma coisa acontece com a negligência no trabalho. Começa com uma pequena dose de tolerância com uma pessoa. Daí a pouco, outros também estarão trabalhando negligentemente, prejudicando a qualidade do produto e dando prejuízo para a empresa.

Referências bibliográficas

ABREU, Romeu Carlos Lopes de. *CCQ – Círculos de Controle da Qualidade*. Rio de Janeiro: Qualitymark, 1991.

ALBRECHT, Karl; BRADFORD, Lawrence J. *Serviços com qualidade*. São Paulo: Makron Books, 1992.

ALMEIDA, Sérgio. *Cliente, eu não vivo sem você*. Salvador: Casa da Qualidade, 1995.

ARMSTRONG, David. *A gerência através de histórias*. São Paulo: Campus, 1994.

BARBOSA, Lívia. *O jeitinho brasileiro*. Rio de Janeiro: Campus, 1992.

BARDWICK, Judith M. *Perigo na zona de conforto*. Rio de Janeiro: Pioneira, 1991.

BARRETO, Roberto Menna. *Criatividade no trabalho e na vida*. São Paulo: Summus, 1997.

BELASCO, James A.; STAYER, Ralph C. *O voo do búfalo*. Rio de Janeiro: Campus, 1993.

BENNETT, William J. *O livro das virtudes*. São Paulo: Nova Fronteira, 1993.

_____. *O livro das virtudes II*. São Paulo: Nova Fronteira, 1995.

BENNIS, Warren; NANUS, Burt. *Líderes – Estratégias para assumir a verdadeira liderança*. São Paulo: Harbra, 1988.

BERGAMINI, Cecília Whitaker. *Motivação nas organizações*. São Paulo: Atlas, 1997.

BERTAIN, Leonard. *A grande virada*. São Paulo: Imam, 1995.

BETHEL, Sheila Murray. *Qualidades que fazem de você um líder*. São Paulo: Makron Books, 1997.

BONDER, Nilton. *A cabala da inveja*. Rio de Janeiro: Imago, 1992.

BRANDEN, Nathaniel. *Autoestima*. São Paulo: Saraiva, 1992.

BROCKA, Bruce; BROCKA M., Suzanne. *Gerenciamento da qualidade*. São Paulo: Makron Books, 1994.

BROWN, W. Steven. *Treze erros fatais que os gerentes cometem*. São Paulo: Maltese, 1989.

CARAVANTES, Geraldo R.; BJUR, Wesley E. *Magia e gestão*. São Paulo: Makron Books, 1997.

CARLSON, Richard. *Não faça tempestade em copo d'água*. Rio de Janeiro: Rocco, 1997.

CARLZON, Jan. *A hora da verdade*. Rio de Janeiro: Cop, 1994.

CASTILHO, Áurea. *A dinâmica do trabalho de grupo*. Rio de Janeiro: Qualitymark, 1995.

CASTRO, Alfredo Pires de. *Automotivação*. São Paulo: Campus, 1995.

CHALLITA, Mansour. *Os mais belos pensamentos de todos os tempos*. Rio de Janeiro: Associação Cultural Internacional Gibran, 1995.

_____. *Os mais belos pensamentos de todos os tempos*. Rio de Janeiro: Associação Cultural Internacional Gibran, 1995, v. 3.

_____. *Os mais belos pensamentos de todos os tempos*. Rio de Janeiro: Associação Cultural Internacional Gibran, 1995, v. 5.

CHAPMAM, Elwood N. *Relações humanas na pequena empresa*. Rio de Janeiro: Qualitymark, 1996.

CHIAVENATO, Idalberto. *Gerenciando pessoas*. São Paulo: Makron Books, 1992.

CORDES, Liane. *O lago da reflexão*. São Paulo: Best Seller, 1986.

CORTADA, James W.; QUINTELLA, Heitor M. *TQM – Gerência da Qualidade Total*. São Paulo: Makron Books, 1995.

COURTIS, John. *Os 44 erros mais frequentes da gerência*. São Paulo: Nobel, 1991.

CROSBY, Philip B. *Qualidade falando sério*. São Paulo: Makron Books, 1990.

CUNHA, Nylse Helena Silva. *Brincar, pensar e conhecer*. São Paulo: Maltese, 1997.

DE PREE, Max. *Liderar é uma arte*. São Paulo: Best Seller, 1989.

DEEP, Sam; SUSSMAN, Lyle. *Torne-se um líder eficaz*. Rio de Janeiro: Campus, 1988.

DEMING, W. Edwards. *Qualidade: A revolução da administração*. São Paulo: Saraiva, 1990.

DENTON, D. Keith. *Qualidade em serviços*. São Paulo: Makron Books, 1991.

DRUCKER, Peter F. *O gerente eficaz*. Rio de Janeiro: Guanabara, 1967.

EQUIPE GRIFO. *Iniciando os conceitos da Qualidade Total*. Rio de Janeiro: Pioneira, 1994.

_____. *Facilitadores da qualidade*. Rio de Janeiro: Pioneira, 1995.

FELDMAN, Christina; KORNFIELD, Jack. *Histórias da alma, histórias do coração*. Rio de Janeiro: Pioneira, 1994.

FILIAGE, Miguel Ângelo. *A fantástica revolução de um gerente*. São Paulo: Gente, 1998.

FRANK, Milo O. *Como apresentar suas ideias em trinta segundos ou menos*. Rio de Janeiro: Record, 1986.

GABOR, Andréa. *O homem que descobriu a qualidade*. Rio de Janeiro: Qualitymark, 1994.

GALVÃO, Célio; MENDONÇA, Mauro. *Fazendo acontecer na Qualidade Total*. Rio de Janeiro: Qualitymark, 1996.

GAUDÊNCIO, Paulo. *Ment at work*. São Paulo: Memnon, 1995.

GOMES, Hélio. *Pensamento da qualidade*. Rio de Janeiro: Qualitymark, 1995.

GREEN, Alan. *Uma empresa descobre sua alma*. São Paulo: Negócio Editora, 1996.

GRIFFITH, Joe. *Speaker's library of business*. Rio de Janeiro: Prentice-Hall do Brasil, 1990.

GUASPARI, John. *A empresa que parou no tempo*. São Paulo: Makron Books, 1992.

HIRATA, Renato. *Criando seu futuro de sucesso*. São Paulo: Gente, 1995.

HOLANDA, Fátima. *Liderança para competitividade*. Rio de Janeiro: Qualitymark, 1996.

IMAI, Masaaki. *Kaizen – A estratégia para o sucesso competitivo*. São Paulo: Imam, 1988.

INSTITUTO TARIKA. *Histórias da tradição sufi*. Rio de Janeiro: Dervish, 1993.

JURAN, J. M. *A qualidade desde o projeto*. Rio de Janeiro: Pioneira, 1992.

KENT, Graeme. *Fábulas de Esopo*. São Paulo: Loyola, 1995.

KLUGE, Manfred. *A sabedoria da Antiguidade*. Rio de Janeiro: Ediouro/Tecnoprint, 1984.

KONDO, Yoshio. *Motivação humana*. São Paulo: Gente, 1991.

KOUZES, James M.; POSNER, Barry Z. *O desafio da liderança*. São Paulo: Campus, 1991.

MANN, Nancy R. *Deming – As chaves da excelência*. São Paulo: Makron Books, 1992.

MATOS, Francisco Gomes de. *Empresa feliz*. São Paulo: Makron Books, 1996.

MAUCHER, Helmut. *Liderança em ação*. São Paulo: Makron Books, 1996.

Mc CARTHY, John J. *Por que os gerentes falham*. São Paulo: Makron Books, 1994.

MICHALKO, Michael. *Thinkertoys – Manual de criatividade em negócios*. São Paulo: Cultura Editores Associados, 1995.

MIRSHAWKA, Victor. *A implantação da qualidade e da produtividade pelo método do dr. Deming*. São Paulo: Mcgraw-Hill, 1990.

_____. *Criando valor para o cliente*. São Paulo: Makron Books, 1993.

_____; OLMEDO, Napoleão L. *TPM à moda brasileira*. São Paulo: Makron Books, 1995.

_____; MIRSHAWKA JR., Victor. *Qualidade da criatividade – A vez do Brasil*. São Paulo: Makron Books, 1993.

MOINE, Donald J.; HERD, John. *Modernas técnicas de persuasão*. São Paulo: Summus, 1988.

MOLLER, Claus. *O lado humano da qualidade*. Rio de Janeiro: Pioneira, 1993.

MOREIRA, Dirceu; D'AMBROSIO, Oscar. *Síndrome da passividade*. São Paulo: Makron Books, 1994.

MORRIS, M. J. *Iniciando uma pequena empresa com sucesso*. São Paulo: Makron Books, 1991.

MOURA, José A. Marcondes de. *Os frutos da qualidade*. São Paulo: Makron Books, 1994.

NASRUDIN, Mullá. *Histórias de Nasrudin*. Rio de Janeiro: Dervish, 1994.

OECH, Roger von. *Um "toc" na cuca*. São Paulo: Cultura Editores Associados, 1995.

_____. *Um chute na rotina*. São Paulo: Cultura Editores Associados, 1994.

OLIVEIRA, José Roberto Cerqueira. *Aspectos humanos dos cinco sensos*. Rio de Janeiro: Qualitymark, 1997.

OLIVEIRA, Milton de. *Energia emocional*. São Paulo: Makron Books, 1997.

OSADA, Takashi. *House keeping – 5s's*. São Paulo: Imam, 1992.

PETERS, Tom. *Prosperando no caos*. São Paulo: Harbra, 1989.

_____. *O seminário de Tom Peters – Tempos loucos exigem organizações malucas*. São Paulo: Harbra, 1995.

RANGEL, Alexandre. *Cliente interno*. São Paulo: Marcos Cobra, 1994.

RIBEIRO, Lair. *O sucesso não ocorre por acaso*. Rio de Janeiro: Rosa dos Tempos, 1992.

_____. *Comunicação global*. Rio de Janeiro: Rosa dos Tempos, 1992.

ROBBINS, Anthony. *Poder sem limites*. São Paulo: Best Seller, 1987.

_____. *Desperte o gigante interior*. Rio de Janeiro: Record, 1993.

ROBERTS, Harry V.; SERGESKETTER, Bernard F. *Qualidade é pessoal*. Rio de Janeiro: Pioneira, 1993.

SCHELL, Jim. *Guia para gerenciar pequenas empresas*. Rio de Janeiro: Campus, 1995.

SEWELL, Card; BROWN, Paul B. *Clientes para sempre*. São Paulo: Harbra, 1990.

TAHAN, Malba. *Lendas do povo de Deus*. Rio de Janeiro: Record, 1992.

TAPSCOTT, Don; CASTON, Art. *Mudança de paradigma*. São Paulo: Makron Books, 1995.

TOWERY, Twyman L. *A sabedoria dos lobos*. São Paulo: Negócio Editora, 1998.

TOWNSEND, Patrick L.; GEBHARDT, Joan E. *Qualidade em ação*. São Paulo: Makron Books, 1993.

TULKU, Tarthang. *O caminho da habilidade*. São Paulo: Cultrix, 1995.

VÁRIOS AUTORES. *A essência da autoajuda*. São Paulo: Martin Claret, 1997.

_____. *A essência da magia*. São Paulo: Martin Claret, 1997.

_____. *A essência do poder*. São Paulo: Martin Claret, 1997.

_____. *A essência da sabedoria*. São Paulo: Martin Claret, 1998.

VERIAG, Wilheim Heyne. *Sabedoria asiática*. Rio de Janeiro: Ediouro/Tecnoprint, 1984.
WILLIAMS, Richard L. *Como implementar a Qualidade Total na sua empresa*. Rio de Janeiro: Campus, 1995.
WHITELEY, Richard C. *A empresa totalmente voltada para o cliente*. Rio de Janeiro: Campus, 1996.
ZANGWILL, Willard I. *Sucesso com as pessoas*. Rio de Janeiro: Record, 1981.
ZEMKE, Ron; SCHAAF, Dick. *A nova estratégia do marketing*. São Paulo: Harbra, 1991.
ZENGER, John H. *Desperte o líder que há em você*. São Paulo: Futura, 1996.

ÍNDICE TEMÁTICO

ação – 28, 53, 73, 88, 155, 157, 176, 196, 232, 246, 267, 293
acomodação – 39, 138, 168, 185, 201, 237
acreditar – 60, 84, 102-104, 154, 192, 219, 220, 319
ajuda – 19, 89, 91, 108, 112, 122, 124, 180, 202, 251, 265
ambiente (de trabalho) – 22-23, 47, 67-68, 79, 81, 84, 99, 106, 131, 169, 197, 204, 220, 251, 253, 264, 272, 274, 276, 312, 319
atitude – 37, 41, 96, 132, 151-152, 170, 177, 183, 225, 249, 265, 174, 278, 286, 292, 311
autoconfiança – 73, 121, 154, 274
autoestima – 109, 264, 274-275, 292

burocracia – 129-130

capacidade – 73, 89, 112, 114, 120, 136, 159, 219, 251, 263, 270, 284, 296, 307, 319
compaixão – 33
competência – 33, 114, 207, 248, 263, 270, 310
comprometimento – 28, 86, 145, 188, 220, 242, 245, 280, 298
comunicação – 17, 22, 34, 170, 176, 207, 221, 264, 292
concorrência – 39, 61, 168, 199
confiança – 44-45, 89, 95, 124, 130, 171, 183, 196, 199, 208, 219-220, 233, 245, 265, 290
conhecimento – 18, 83, 115, 122, 146-147, 159, 180, 195, 205-206, 221, 228, 239, 244-245, 263, 270, 285, 300, 322
cooperação (trabalho em equipe) – 61, 116, 126, 187, 204
coragem – 38, 69, 73, 90, 156, 168, 211, 240, 307
credibilidade – 220
crescimento – 27, 29, 40, 69, 73, 90, 94, 96, 124, 152, 155, 207, 237, 251, 281, 288, 304, 319
criatividade – 18, 110, 126, 138, 169, 174, 176-177, 188, 218, 227, 250, 274, 279
crítica – 36, 65-66, 119, 151, 204, 231, 288

decisão – 27-28, 38, 41, 44-45, 53, 71, 73-74, 81, 96, 103-104, 128, 157, 167, 203, 219, 226-227, 246, 251, 268, 273, 280, 290, 297, 301, 309
defeito – 30-31, 36, 65-66, 116-117, 151, 208, 228, 282, 288, 292, 311
desafio – 72, 96, 105, 207, 284
desempenho – 19-20, 124, 127, 178, 264, 268, 275, 283
desenvolvimento – 26-27, 32, 43, 93, 95, 103-104, 114, 155, 199, 239, 245, 266, 270, 279, 285, 300, 308, 319
dificuldade – 41, 61, 96, 126, 155, 171, 196, 246, 291, 309

equilíbrio – 33, 82-83, 122, 252, 266

erro – 27, 33, 73, 104, 112, 162, 166, 185, 196, 218, 225, 232, 235, 248, 259, 265, 294, 304, 310

gerência – 17, 21, 162, 221, 245

humor – 22-23, 81, 243

ideia – 21, 24, 93, 149, 176, 191-192, 219, 221, 227-228, 264, 266, 279, 288, 298
iniciativa – 103, 151, 218, 249, 273
inveja – 89, 100, 105, 144
injustiça – 184, 223-224, 296

liderança – 19, 70, 90, 95-97, 130, 133, 159
limitação – 29, 31, 65-66, 96, 124, 151, 245, 255

medo – 38, 40, 59, 69, 73, 83, 89, 95, 120, 130, 156, 212, 219, 234, 253, 274, 286, 301
motivação – 27, 97, 124, 145, 219, 245, 264, 281, 291-293
mudança – 21, 28, 39-40, 54, 70, 84, 86, 90, 119, 128, 136, 152, 154-155, 168, 196, 207, 214, 218, 231, 249, 253, 257-258, 261, 263, 271, 272, 280, 286-287, 290, 293, 298, 303

objetivo – 19, 35, 82, 88, 128, 136, 169, 185, 188, 238, 262-263, 291
obstáculo – 32, 53, 139, 152, 188, 226, 309
oportunidade – 21, 32, 72, 79, 87, 94, 114, 141, 147, 152, 169-170, 198, 219, 279, 287, 297
orgulho – 97, 100, 208

paciência – 46, 81, 105, 155, 231, 245, 266, 271-272, 277, 296, 309
perdão – 106-107, 117, 200, 294
potencial – 30-31, 96, 242, 245
problema – 17, 32, 34, 60, 80, 86-87, 91, 96, 101, 111, 113, 126, 139, 141, 151, 153, 169-170, 179, 180, 202, 221, 225-227, 232, 235, 246, 259-260, 264, 273-274, 279, 281, 296, 299, 302
produtividade – 17, 22, 47, 51-52, 87, 133, 201, 264-265, 274, 281--283, 293

qualidade – 17, 21-23, 50, 57, 80, 86, 97, 110-112, 128, 131, 133, 136, 155, 164, 166, 237, 241, 265-266, 274, 277, 293, 323

raiva – 81, 105-106, 134, 184, 197, 216, 294, 318
renovação – 72, 74, 124, 187
responsabilidade – 21, 28, 69, 73, 104, 110, 124, 150, 183, 219, 245, 251, 259, 274, 296, 300
resultado – 21, 53-54, 74, 85, 92-93, 127, 169, 176, 246-247, 264, 275, 281, 283, 287, 291, 293

sabedoria – 33, 90, 142, 255
sacrifício – 25-26, 238
saúde – 78, 82, 266, 321, 322
solução – 28, 111, 174, 180, 227, 273
sorte – 92, 114, 279
sucesso – 39, 53, 84, 90, 168-169, 171-172, 176-177, 233, 242, 263

tarefa – 19, 38, 50, 97, 122, 124, 142, 145, 164, 166, 202, 219, 264, 265--266, 292, 299

tolerância – 33, 106-107, 124, 144, 208, 245, 323

valor/ valorizar – 21, 36, 64, 71, 79, 82, 94, 98-99, 109, 115, 120-121, 163, 180, 193, 195, 245, 255, 262, 275-276, 291, 310, 322

verdade – 21, 34, 121, 201, 220, 266, 277

O AUTOR

Alexandre Rangel é graduado em economia e em ciências contábeis pela Universidade de Pernambuco, e tem formação em psicologia pela FMU e em *coaching* pelo Integrated Coaching Institute.

Iniciou sua carreira em uma multinacional do setor de auditoria, na qual atuou por oito anos como executivo. Em seguida, trabalhou como gerente nacional em uma empresa líder mundial na produção e transformação de alumínio, na qual ficou por 17 anos. Desde que deixou o mundo corporativo, há mais de 15 anos, atua como consultor e com *coach* de executivos.

Por 13 anos apresentou o boletim *Qualidade e inovação* – que, até 2008, chamava-se *Momento de qualidade* – e, por quatro anos, o programa semanal de entrevistas *Executivos por excelência*, ambos transmitidos pela Rádio Bandeirantes AM.

É autor dos livros *Fábulas de Esopo para executivos* e *Tudo o que sei sobre negócios aprendi com a pescaria*, também publicados pela Panda Books.